# 颠覆中的秩序

——媒介融合语境下视听互动叙事研究

冯宗泽 主编

## Subversive order

### A study of audiovisual interaction narrative in the context of media convergence

中国文联出版社

图书在版编目（CIP）数据

　　颠覆中的秩序：媒介融合语境下视听互动叙事研究 / 冯宗泽主编. -- 北京：中国文联出版社，2023.4
　　ISBN 978-7-5190-5173-0

　　Ⅰ. ①颠… Ⅱ. ①冯… Ⅲ. ①传播媒介－叙述学－研究 Ⅳ. ①G206.2②I045

中国国家版本馆 CIP 数据核字(2023)第 061391 号

| | |
|---|---|
| 主　　编 | 冯宗泽 |
| 责任编辑 | 邓友女 |
| 责任校对 | 谢晓红 |
| 装帧设计 | 马庆晓 |

| | |
|---|---|
| 出版发行 | 中国文联出版社有限公司 |
| 社　　址 | 北京市朝阳区农展馆南里 10 号　　邮编　100125 |
| 电　　话 | 010-85923025（发行部）　　010-85923091（总编室） |
| 经　　销 | 全国新华书店等 |
| 印　　刷 | 三河市龙大印装有限公司 |

| | |
|---|---|
| 开　　本 | 710 毫米 x 1000 毫米　　1/16 |
| 印　　张 | 11.5 |
| 字　　数 | 185 千字 |
| 版次印次 | 2023 年 4 月第 1 版第 1 次印刷 |
| 定　　价 | 33.00 元 |

版权所有 · 侵权必究
如有印装质量问题，请与本社发行部联系调换

# 目 录

绪论：当代叙事的文化逻辑与文化精神　　1

## 第一篇　媒介融合与互动叙事　　15

### 第一章　何为"视听文本互动叙事"　　17
第一节　视听文本叙事的相关概念界定　　17
第二节　视听文本互动叙事的理论分析要点　　22

### 第二章　视听互动叙事的时代环境与传播语境　　35
第一节　视听互动叙事的时代环境——互联网时代　　35
第二节　视听互动叙事的传播语境——媒介融合　　47
第三节　互联网时代"媒介融合"语境下的"视听文本互动叙事"　　63

### 第三章　媒介融合语境下视听互动叙事的文本分化及其时代特征　　64
第一节　媒介融合语境下本质性改写类视听互动叙事文本话语特征　　65
第二节　媒介融合背景下弱改写类视听互动叙事文本话语特征　　67
第三节　媒介融合背景下强改写类视听互动叙事文本话语特征　　77

## 第二篇　颠覆中创新　　　　　　　　　　　　　　　89
　　　　——媒介融合语境下视听互动叙事变革

### 第一章　传统视听叙事的倾向与特征　　　　　　91
  第一节　传统视听叙事的主体特征　　　　　　91
  第二节　传统视听叙事的现实性　　　　　　　95
  第三节　传统视听叙事的完整性　　　　　　　99
  第四节　传统视听叙事的抽象性　　　　　　　102

### 第二章　媒介融合语境下视听互动叙事的主体和受众变革　105
  第一节　媒介融合语境下视听互动叙事的主体特征　107
  第二节　使用与满足理论视域下的受众使用动机与多元
  　　　　需求满足　　　　　　　　　　　　109
  第三节　媒介融合语境下视听互动叙事的受众变革　111

### 第三章　媒介融合语境下的视听互动叙事的互动变革　117
  第一节　叙事中互动方式的历史沿革　　　　117
  第二节　媒介融合语境下的视听互动叙事的互动性考量体系　122
  第三节　媒介融合语境下的各类视听互动叙事文本的
  　　　　基本分类　　　　　　　　　　　　128

### 第四章　媒介融合语境下视听互动叙事的传播变革　130
  第一节　网状传播模式下多维互动格局的形成　130
  第二节　网状传播模式下媒体"竞合"关系重塑　135

### 第五章　媒介融合语境下视听互动叙事变革中的文本生态　137
  第一节　媒介融合语境下网络剧本体发展脉络　137
  第二节　其他网络视听文本内容及其代表作品　149

## 第三篇　颠覆中的秩序重塑　　　　　　　　　155
　　　　——媒介融合语境下视听互动叙事策略

### 第一章　媒介融合语境下视听互动叙事的创作策略：
　　　　从以创作者为中心到"UGC"+"PGC"　　　157
　　第一节　"UGC"+"PGC"视听互动叙事创作策略　　157
　　第二节　"UGC"+"PGC"视听互动叙事创作的实现方式　　160

### 第二章　媒介融合语境下视听互动叙事的产品定位策略：
　　　　市场调研向重全体轻抽样的范式转换　　　163
　　第一节　大数据时代视听互动叙事发展机遇与挑战　　163
　　第二节　大数据支撑下的产品定位创新策略　　167

### 第三章　媒介融合语境下视听互动叙事的传播策略：
　　　　从小作坊式单打独斗到协作化平台运营　　　169
　　第一节　树立平台化传播思维，实现跨界整合、资源共享　　170
　　第二节　借助社交媒体形成口碑效应，构建视听互动叙事
　　　　　　传播体系　　　　　　　　　　　　　　171
　　第三节　加强网台联动，融合式应对实现受众市场精准对接　　171
　　第四节　巧用弹幕打造"延展型"媒体，拓展关系营销领域　　172

# 绪论：当代叙事的文化逻辑与文化精神

当今时代，在以移动互联网为代表的新技术影响下，中国社会的经济、政治、文化都开始进入一个新的深刻转型期。在短短不过十年的时间内，我们的直观生活经验和深层文化逻辑都在被迅速改写。

首先，从直观生活经验上来看，我们今天进入的可以说是一个名副其实的"微时代"。微博、微信、微小说、微电影、微游戏、微广告、微支付、微投资……所有这些以发散化、碎片化、即时化和赛博化为特征的新兴生活方式、新兴传播方式、新兴经济活动形态、政治参与形态以及文化呈现形态，都已经在潜移默化中改写并且重新定义了我们的时代。不夸张地说，"微"已经成为理解我们当下时代的一个关键词。

更重要的是，从深层文化逻辑上来看，我们的时代也正在经历一场巨大的嬗变。就此而言，我们所体验到的"微时代"其实应该被定性为一个后福特主义的时代，因为它不仅仅是一次因移动互联网技术和自媒体平台而获得命名的即兴风潮，在更本质的意义上，它其实是一次伏脉深远的社会结构方式与实践方式转型。换言之，"微时代"的兴盛根源于后福特主义文化逻辑与文化精神在中国城市社会中的深度拓展。

在这样一个新的深刻转型期中，我们看到，传播媒介同时作为推动者和受益者，也正在发生着重要变革：无论是在物质层面、意涵层面还是在制度层面，传播媒介——尤其是传媒艺术——都在全面而迅速地吐故纳新，并不断向我们展示出富有前瞻性的生长点。而本书所要做的，正是基于对时代文化逻辑变革的深层观察，立足媒介融合的语境意识，选择视听互动叙事这样一个兼具时代美学气质与文化精神的研究对象，以锐角切入的学理姿态展开研究，以期能够在描摹其艺术生长面貌肌理的同时，也能够厘清其社会价值与历史担当，进而能够为当前及未来的传媒艺术发展做出贡献。

一

首先，我们来谈一谈当今传媒艺术所处的时代语境，以及这种时代语境对传媒艺术审美文化面貌的整体影响。

如前所述，我们今天的时代可以被称作一个"微时代"。而这个"微时代"到底从何而来呢？从表面上看，这个"微时代"似乎源于微博、微信、微电影等新媒体通信方式和文艺样式的兴起，但实质上，我们说，"微时代"是一个后福特主义文化逻辑在城市社会中获得深度拓展的时代，同时也是一个以传媒文化变革为先导、以社会结构方式与实践方式全面转型为主潮的时代。在这样一个变革与转型的时代中，传媒艺术作为当代传媒场域中的审美文化高地——兼具传播与艺术的双重属性，跨越科技到美学的多元面向，融合社会动员与审美动员的复合要素——更应该成为我们观察、思考时代嬗变的重要切入点。

"微时代"的"微"是相对于"大"而言的。从"大"到"微"，标志着人类生产生活方式从福特主义阶段向后福特主义阶段转型的深刻变革，也蕴含着人类审美文化理念从追求宏大叙事、总体修辞到关注多元话语、差异表达的重要嬗变。

"福特主义"的概念由安东尼奥·葛兰西（Antonio Gramsci）首先提出，用于描述以福特公司为代表的建立在流水线分工基础上的劳动组织方式和大批量生产方式以及随之伴生的生活模式。"福特主义阶段"是对从蒸汽机时代开始到20世纪60年代为止的资本积累与现代大工业时期的特定历史阶段性资本主义产生、生活方式的称谓。[①]

总体而言，"福特主义"具有大规模地标准化生产的特征。在泰勒制原则指导下，通过实现劳动标准化、高度专业的生产设备及分工，资本所有者不仅具有大规模生产的内在动力，而且具备了大规模生产的能力。同时，与大规模地标准化生产相对应，在"福特主义阶段"，社会生产生活的垂直性和刚性较为突出：一方面，标准化和规模化需要社会生产组织形式更加突出纵向处置分工，突出生产过程的环节细分，每个环节的专业化

---

[①] 赖士发. 从福特主义到后福特主义——中国工业化进程面临的机遇和挑战[J]. 福建论坛（人文社会科学版），2004（11）.

程度，以及各环节流水线特之的高度合作；另一方面，标准化和规模化需要系统的封闭性和功能的齐全性，社会生产生活更加注重其短板，以期在竞争中不因短板而被淘汰。

随着通信及信息技术带来的技术革命，以及人们在标准化产品和服务满足基本需求的前提下对个性化需求的关注与追求等客观条件的变化，社会"福特主义"的生产生活方式及社会形态逐步向"后福特主义阶段"转变，即更加突出个性化、水平型和弹性性，主要消费者的多元需求，以及通过竞争中的横向合作补齐短板。

"后福特主义"是对"福特主义"的发展、延伸与补充，从"福特主义"到"后福特主义"的社会形态的转变，也是一个动态发展、逐步推进的演进过程。例如，对于美国社会而言，从蒸汽机时代开始到20世纪60年代为止的资本积累与现代大工业时期，美国社会的"福特主义阶段"特征较为突出，随后"后福特主义阶段"特征开始显现，并逐渐成为社会主流；对于中国而言，近年来，我国社会"后福特主义阶段"某些特征才逐步凸显。

在福特主义阶段，规模化、流水线化的生产方式从根源上决定了这一时期居于主流地位的生活方式和思维方式——首先是对"大"从理念到实践的过分推崇；其次是对集体利益的高度信任，以及由此对稳定性、完整性、均衡感、秩序感等元素的不懈追求。相应地，在这一阶段的文学艺术场域中，我们很容易发现在福特主义美学纲领影响下诞生的作品。具体到中国的传媒艺术场域，电影银幕上诸多以"大""伟岸""恢宏""昂扬""壮美""深沉"等为美学风格和价值向度的史诗性作品，电视荧屏上更多动辄长达几十上百集的"长河叙事"（其中既有电视剧也有电视纪录片）都可以看作是典型的受福特主义影响的艺术文本。

中央电视台的春节联欢晚会是较为典型的带有福特主义文化色彩的传媒艺术作品。这一几乎为中国所特有的传媒艺术样式诞生于改革开放初期，基本是伴随中国社会的再现代化进程发展成长起来的。事实上，"央视春晚"之所以能成为"新民俗"，不仅仅是因为它满足了普通中国百姓对于"庆新春"的仪式化需求，更重要的是它提供了改革初期中国社会所急需的"发展叙事"与"共同体想象"。历读"央视春晚"的文本就可发现，三十余年来，"央视春晚"不断强化其宏大、华美、整饬的福特主义色彩的美学风格，而其中数个亘古不变的环节也基本延续了有关"团结奋进、万众一心"的总体性论述。因此，从文化演进逻辑上来看，艺术创新力下降、意识形态负载过重、商业诉求侵蚀、观众口味提高等只是近年来"央视春晚"渐趋没落的表层原因，而其深层原因恰恰是"央视春晚"这一带有浓重福特主义文化色彩的艺术作品与当下时代审美需求的渐行渐远。一方面，对于在信息时代开始进入文化消费旺盛期的新生代年轻人而言，带有浓重福特主义文化色彩的叙事风格、文化旨趣确实都远离他们的成长经验，难以引发他们的共鸣；另一方面，对于中老年受众人群而言，近年现实社会总体叙事的复杂情态也使原有的文艺模式无法再提供出一个足以弥合阶层趣味，进而建构可信秩序感的大同图景。

在纾困的意义上，后福特主义正是对福特主义某种尝试性的超越与纠偏："在后福特主义阶段，消费模式向着专业化转变，生产方法、机器设备和管理体制都变得更为灵活，以便能够满足多样化的消费需求。""'灵活性'和'弹性工作'等词汇，成了劳动力市场和工作方式中的流行语。"人类的生产—生活—思维方式由集体化、固态化和秩序化逐渐趋向个体化、液态化和碎片化。[①]而所有这一切变革，才是我们今天所面对的"微时代微文化"的深层基础与真正起点。这其中的"微"，并非仅仅是微博、微信之"微"，它所指向的是一种"个体的崛起"，是一种以个人为单位、以个体为终端的新文化逻辑与文化生态。如果说福特主义的艺术更多地倾向于以稳定性、完整性、均衡感、秩序感见长的集体主义美学的话，那么后福特主义的艺术就更多地倾向于以多元性、灵活性、差异性和不确定感为核心的当代个体伦理。在后福特主义社会，传媒艺术越来越成为身份建构与共同体凝聚的核心力量。

关于传媒艺术对"微时代"社会而言的重要价值，我们可以引入英国社会学家汤普森（Thompson）的现代性维度理论来加深理解。汤普森曾指出，现代性有四个重要的制度性维度，分别是经济、政治、军事和媒介传播。其中，媒介传播对于现代社会而言意义重大且日益上升，传播不再仅仅是传播本身，更是社会机构的制度性维度之一，并且是极为重要的维

---

① ［德］乌尔里希·贝克、伊丽莎白·贝克—格恩斯海姆.个体化［M］.李荣山，等译.北京：北京大学出版社，2011.

度，可以调节其他维度乃至整个现代性的构成与转变。换言之，如果说在以福特主义为纲领的第一现代，大众传媒已经广泛兴起并积极参与了社会建构的话，那么到了以后福特主义为纲领的第二现代，随着网络通信技术的飞速发展，以及在此基础上精确到个体的"自传播"的兴盛，"媒介传播"这一维度的建构性力量势必在越来越大的范围内获得提升。具体到传媒艺术领域，首先表现为传媒艺术文本美学情怀与文化情怀的融通，一种巴赫金意义上的"参与性"和"事件性"日益成为移动互联时代传媒艺术的显性诉求；在此基础上，更表现为传媒艺术自身门类主体性和自觉性的提高，"传播属性"不再是传媒艺术文本中"不可见的在场"，而是日益成为传媒艺术创作过程中的核心关切，甚至是传媒艺术文本最终得以建构完成的支柱力量。

  近年来，带有强烈后福特主义色彩的文化逻辑在中国传媒艺术场域中一直呈上扬态势。在电影银幕上，我们看到《疯狂的石头》《让子弹飞》《无人区》《小时代》《一代宗师》《少年派的奇幻漂流》《北京爱情故事》《私人订制》等作品的风靡；在电视荧屏上，我们也看到《武林外传》《爱情公寓》《永不磨灭的番号》《民兵葛二蛋》《北京青年》《小爸爸》《男人帮》《女人帮》等作品的热播。这些文本虽涉及不同题材、不同类型，但却展现出相似的结构方式、话语风格与价值光谱，联结着相近的美学理念、文化逻辑与政治经济学背景。当然，在传统的影视场域中，不同文化逻辑之间的博弈目前还在很大程度上存在，在某些文本中甚至表现得十分激化，时常陷入一种含混游离、左支右绌的境遇里。例如作为主旋律献礼片的电影《建国大业》和《建党伟业》就在一定程度上体现出这一趋势——二者都是以"数星星"的消费主义景观完成主导意识形态的宏大询唤，其叙事策略与叙事意图之间的微妙关系恰是其深层文化逻辑嬗变的表征。

  与传统影视场域的纠结缠绕不同，在互联网平台上，近年来飞速崛起的网络影视几乎从一开始就成为了"微时代"的"原住民"。相对于传统影视文本来说，新的文化逻辑在网络影视文本中明显更具原生性与主导性。如果聚焦优酷、爱奇艺、乐视、搜狐视频、腾讯视频等已具有较大影响力的视频网站，则不难发现，这些视频网站的自制节目（主要包括网络电影、网络剧、网络综艺节目等）和特色自选节目（主要包括美剧、英剧、韩剧频道的主打产品）大都体现出鲜明的"微美学"和"微文化"特征。前者典型的如《匆匆那年》《屌丝男士》《奇葩说》《偶滴歌神啊》《万万没想到》《太子妃升职记》《我们15个》等，后者典型的如《生活大爆炸》《新福尔摩斯》《纸牌屋》《超感八人组》《来自星星的你》等。综合来看，在伦理机制、社会情境、传播理念和商业受众定位等各方面，这些自制和自选节目都体现出不同以往的审美文化特质，这一点我们稍后还会详细分析。

总之，随着移动互联网技术的不断革新，信息与人实现了高度的一体化，个体有条件全天候、全方位地沉浸于传播与接受的绵延之流中，这促使我们开始重新思考传媒艺术与世界、国家、社会、个人之间的多元关系。当然，新文化逻辑下的传媒艺术在总体上还很不成熟——在展示出积极生长点的同时，也还不免夹带着喧嚣浮躁、疏离虚无、自我怀疑乃至自我消解的时代症候——所有这些也都向传媒艺术的生产者和研究者们提出了革命性的挑战。

## 二

接下来，我们可以简要谈一谈的是，整体文化逻辑转型与本研究所涉及的两个重要理论范畴之间的关系，而这两个重要理论范畴，一是媒介融合，二是互动叙事。

第一，整体文化逻辑的转型召唤不同媒介和媒介艺术形态之间打破旧有壁垒，朝着更为流动、更为开放的主体间性状态发展。换言之，后福特主义语境下的政治经济变迁是孕育媒介融合良种的深层土壤，而技术的发明则为媒介融合破土而出提供了关键的肥养。正如丹麦学者克劳斯·布鲁恩·延森（Klaus Bruhn Jensen）所指出的："从历史的角度来看，媒介融合可以被理解为一种交流与传播实践跨越不同的物质技术和社会机构的开放式迁移（open-minded migration）。"[①] 我们看到，在这一理论表述中，同时

---

[①] [丹麦]克劳斯·布鲁恩·延森.媒介融合：网络传播、大众传播和人际传播的三重维度[M].刘君，译.上海：复旦大学出版社，2012：17.

涵纳了媒介融合发生发展的物质基础与行为逻辑。而在这一理论表述基础上，延森对我们所置身的媒介融合潮流做出了更为清晰的阐释，使之进一步被表述为三个横向层面与三个纵向维度的交叉遇合情境（见表0-1）①：

表 0-1

|  | 媒介物质 | 媒介意涵 | 媒介制度 |
| --- | --- | --- | --- |
| 第一维度的媒介 | 人体；艺术与书写工具；乐器等 | 言谈；书写；歌曲；音乐表演；舞蹈；戏剧；绘画等 | 本地和区域组织，依赖于口头、誊写和混合的交流形式 |
| 第二维度的媒介 | 模拟的信息与传播技术；印刷；摄影（像）；电信技术；电话；电影；广播；电视等 | 经由技术得以复制的、强化的、分离的表征与交流形式 | 本地、国家、区域以及跨国组织，依赖于印刷和电子化的交流形式 |
| 第三维度的媒介 | 数字信息与传播技术；单独的与网络化的计算机；内联网；互联网；移动电话等 | 经由数字化处理的、强化的、分离的以及激化的表征与交流形式 | 本地、国家、区域、跨国以及全球性组织，依赖于网络化交流形式 |

如表0-1所示，媒介融合框架下的三个横向层面分别是物质层面、意涵层面和制度层面，而三个纵向维度则分别是主要以人的身体为载体的人际传播、主要以印刷和电子技术为载体的大众传播和以数字技术为载体的网络传播。由此，我们所关注的媒介融合就呈现为横纵交织的三种遇合情境：第一种情境发生在媒介物质层面上，即人体（及简单的工具延伸）与大众传播技术、与数字化传播技术三个物质维度的遇合情境；第二种情境发生在媒介意涵层面上，即人的言谈/行动与印刷电子化交流、与互联网化交流之间三个意涵维度的遇合情境；第三种情境发生在媒介制度层面上，即个体与区域性组织、与全球性组织的三个制度维度的遇合情境。而在上述理论框架基础上，我们再来观照本书的核心研究对象——视听互动叙事，就可以知道，我们所要展开的研究是建立在物质、意涵、制度层面

---

① ［丹麦］克劳斯·布鲁恩·延森.媒介融合：网络传播、大众传播和人际传播的三重维度[M].刘君，译.上海：复旦大学出版社，2012：63.

兼备的媒介融合语境之下的研究；这一研究的重点在于对第二种情境，即对媒介意涵层面的遇合情境的研究，但不可避免地要与第一和第三层面进行统筹观照。

第二，整体文化逻辑的转型同样召唤传媒艺术在叙事理念与叙事实践方面做出积极开拓，而视听互动叙事正是最富代表性和实验性的突破口之一。就此而言，现代叙事理论从诞生到发展嬗变，即使不能说是时代文化逻辑与文化精神变迁的敏锐指征，却也隐含着与语境之间千丝万缕的关联。

从理论发展的历程来看，现代意义上的叙事学发轫于20世纪60年代的法国，其诞生标志是在巴黎出版的《交际》杂志1966年第8期，该期是以"符号学研究——叙事作品结构分析"为题的专刊，通过一系列文章将叙事学的基本理论和方法公之于众。① 由于现代叙事学的兴起与20世纪中叶欧美结构主义思潮的影响息息相关，所以其又被称为结构主义叙事学或经典叙事学。总体而言，结构主义叙事学将文本看成一个具有内在规律、自成一体的自足的符号系统，注重其内部各组成部分之间的关系。与古典的叙事批评理论相比，它更多地将注意力从文本的外部转向文本的内部，着力探讨叙事作品内部的结构规律和各种要素之间的关联。应该说，这种理论视角相对于传统批评而言是一场深刻变革，它在直接层面上受到19世纪末以来文学叙事形式创新的推动，而在更深层面上所折射出的，也是第二次世界大战之后的欧美学术界乃至社会对于宏大意义的规避倾向与冷漠心态。

结构主义叙事学大约发展到20世纪80年代之后逐渐进入瓶颈状态，

---

① 申丹.叙述学与小说文体学研究[M].北京：北京大学出版社，2005：3—4.
本篇下述有关叙事学发展历程的梳理除另外标注的，均参考自此著作前言部分。另外，值得强调的是，在该著作的开篇，特意强调了"叙事学"与"叙述学"两种用法的区别，作者指出，在《叙事学辞典》（Univ. of Nebraska Press，1987）中，普林斯（Gerald Prince）将"narratology"定义为：(1) 受结构主义影响而产生的有关叙事作品的理论。Narratology研究不同媒介的叙事作品的性质、形式和运作规律，以及叙事作品的生产者和接受者的叙事能力。探讨的层次包括"故事"与"叙述"和两者之间的关系。(2) 将叙事作品作为对故事事件的文字表达来研究（以热奈特为代表）。在这一有限的意义上，narratology无视故事本身，而聚焦于叙事话语。不难看出，第一个定义中的"narratology"应译为"叙事学"（即有关整个叙事作品的理论），而第二个定义中的"narratology"则应译为"叙述学"（即有关叙述话语的理论）(1页)。基于此，本篇根据自身研究的需要，统一选择使用"叙事学"一词。

虽然其基本分析框架并没有失效，但其大幅度脱离语境的研究立场却越来越多地受到质疑，这使得叙事学研究一度陷入低谷。但到了20世纪90年代，叙事学研究又迎来了新的历史蜕变期。以美国为代表，越来越多的学者开始打破艺术文本的形式审美研究与社会历史环境研究之间的对峙关系，尝试着将二者融合起来。应该说，这与后冷战时代二元对立思维的化解不无关联，也在一定程度上折射出阐释甚至介入日益复杂多元的全球政治经济现实的理论期许。由此，在国际上，以美国学者为主体的叙事文学研究协会对叙事学理论的吐故纳新做出了较大贡献，该协会的不少会员将叙事学与女性主义、修辞学、新历史主义、计算机科学、社会语言学、读者反应批评、认知科学、后殖民主义等众多理论和批评方法相结合，不断取得被称为"新叙事学"或者说后经典叙事学的研究成果。

今天的情形正如申丹所指出的，经典叙事学并没有过时，后经典叙事学与经典叙事学是一种共存关系，而非取代关系。总体而言，20世纪末以来，后经典叙事学旗帜下的叙事理论研究的复兴有三个特点：其一，在分析文本时一般较为注重读者和社会历史语境的作用。其二，重新审视或者解构经典叙事学的一些理论概念。其三，注重叙事学的跨学科研究，以求扩展研究范畴，克服自身的局限性。① 而这些特点作为基本的方法论也一直延伸到今天的叙事研究当中。

由此，本书即将展开的对媒介融合语境下的视听互动叙事的研究，正是这样一种以经典叙事学的理论框架为基础，同时更多地以后经典叙事学的理论视域为落点的学术考察。尤其是后经典叙事学对语境的重视和对跨学科知识话语的征引，更成为鼓舞本研究问题意识与学术使命感的学理来源。

如前所述，我们所处的时代，是一个后福特主义文化逻辑下的"微时代"，是一个媒介之间打开既有疆界，重新进行融会整合、共同改写日常与历史的时代。在这个时代中，语境的多元化和流动化进一步促进着叙事理论的开放化，而叙事理论的开放化则也进一步推助了"交互性""对话性""浸没性"等面向语境和接受者更为敞开的叙事姿态，或者说在观念上推助了互动叙事实践的全面兴盛。在这个意义上，我们可以说，我们所

---

① 申丹."新叙事理论译丛"《总序》[M].北京：北京大学出版社，2002：2.

要聚焦的视听互动叙事不仅是一种艺术探索，也是一种重要的观念实验和哲学反身。

## 三

最后，我们可以从叙事研究的角度对传媒艺术叙事进行一番审美文化观照，来看一看在以文化转型为底色的"微时代"，传媒艺术叙事本身究竟正在发生哪些重要变化。综合来看，我认为可以把传媒艺术叙事正在生成的审美文化新质概括为四个方面："微主体化""无地方化""强社交化"和"亚消费化"。不难看出，在这四个方面中，第三个方面即"强社交化"最为直接地体现了视听互动叙事的"交互性"特点，而其他三个方面也都同样是包括视听互动叙事在内的当前传媒艺术叙事的典型新质。

### （一）"微主体化"

在"微时代"，传媒艺术叙事总体上呈现出强烈的"微主体化"倾向：宏大主体祛魅，微小主体啸聚——这种情态构成"微时代"足获具名的审美文化伦理基点。以互联网影视为代表，不难发现，其叙事大多是"个体化"的，例如更大程度地发展"身体美学"，更大规模地发掘私人话题，更深入地渲染细腻情感和非理性修辞，等等，总之文本往往呈现出浓厚的"自叙述"和"自表达"色彩。而占据"自表达"主体方位的，当然是若干游戏化、情绪化、主观化、平面化，或者干脆点说就是"屌丝化"的"小写的我"，这与传统影视所崇尚的那种十分坚实的主控思想，以及矗立于文本深层的"英雄化"的"大写的我"是很不相同的。

"微时代"传媒艺术叙事主体的变革，受到移动互联网技术发展的直接推助。因为在文化的意义上，移动互联网技术所实现的是信息和人的高度一体化，是"自我内省"与"对外表达"界限的溶解，所以使得一种带有强烈自恋特征的文化迅速成为时代潮流。必须承认，相对于中国社会曾经长期奉行的过度的集体主义文化，个体的"可见"具有不可低估的积极意义。于是，在互联网上，我们可以看到大量具有典型自恋特质的影视人物受到追捧，例如英剧《神探夏洛克》中的"卷福"、美剧《生活大爆炸》

中的"谢耳朵"、搜狐自制剧《屌丝男士》中的"大鹏",以及优酷自制剧《万万没想到》中的"王大锤"等。可以说,由这些重度自恋、几乎到了神经质程度的人物担纲主人公,对于传统的主流影视叙事而言几乎是"不可想象"的。

当然,如果要将"微主体化"叙事文本的蔓延态势完全理解为积极个体文化的崛起,还显得过分乐观和为时尚早。目前的情势更大程度上是受"长尾经济"诉求的驱动,还缺乏充分的、自觉的价值导向作为支撑。而在"微主体"崛起的过程中,适时引导个体文化朝着既彼此尊重又相互协助的道德方向发展,而不是一味地陷入自私自利、自我谄媚的偏执泥潭,并且适度警惕私人话题对公共话题的遮蔽和淹没,是"微时代"传媒艺术应该主动承担的社会责任。

### (二)"无地方化"

"微时代"传媒艺术叙事所呈现出的第二个新特征是"无地方化"或者说"去地方化"。这一特征作为"微主体化"的对应面,与移动互联网超越空间的强大技术能量息息相关,也与全球资本主义体系建构统一市场的经济诉求紧密相连,反映出的则是后福特主义时代"个人化"与"全球化"平行推进、互为依存的基础态势。

在传媒艺术场域中,"无地方化"突出表现为地方感的弱化乃至消失。换言之,在"微时代"的传媒艺术文本中,我们越来越难以感受到典型的民族或地域文化诉求。当然,这并不是说相关文本从视听角度完全无法辨识——有关伦敦的作品一般还是会呈现伦敦的地标地景,有关巴黎的作品一般还是会使用法语对白,有关北京的作品一般还是由中国演员来饰演角色,等等。"无地方化"主要是强调,今天的大众传媒艺术叙事越来越无法典型地体现属于"地方"的社会关系和文化情态,而是更多地倾向于一种"全球城市"或者说"世界城市"的表达逻辑。文本空间日益与具体的社会生活脱嵌而成为符号化的景观;人物的思维方式和生活方式日趋同质化;叙事的修辞趣味与结构习惯也越来越相似;甚至在核心议程的选择上也显示出或"全球",或"个人"的两极倾向——这些在互联网影视节目中都有突出体现。

应该说,"无地方化"作为一种修辞策略,是全球消费市场的建构诉求曲折作用于影视叙事的结果，是消费主义意识形态的视觉文化表征。它通过将微茫受众越来越深地拽入一个虚拟的同质化世界，赋予了微茫受众十分强烈的"世界与我相关""世界为我所熟知"的介入幻觉，却也使得"回归本土"的话语建构在今天显得越来越迫切和艰难。

### （三）"强社交化"

"微时代"传媒艺术叙事呈现出的第三个新特征是"强社交化"，这一特征赋予了今天的传媒艺术比以往更为强烈的"传播"特质，并在一定程度上满足了现代人在碎片化的生活状态中重建情感共同体的心理需求。

"强社交化"形成的背景是"社会性媒体"在 Web2.0 时代的飞速崛起。"从内涵看，社会性媒体强调可读可写性、用户生产内容、群体协作任务、深度社会交互等新一代互联网的时代特征；从外延看，社会性媒体包括实体平台和产品，常见类型有博客、播客、微博、百科、视频共享、社交网站。"① 正是由于这些"社会性媒体"的流行，传统的由一到多的大众传播路径发生了革命性的变化，一种被比喻为"蒲公英式传播"的多点人际传播架构逐渐形成，随之而来的则是传媒艺术话语表达机制与文本传播理念的变革。正如颇受欢迎的网络脱口秀节目《罗辑思维》的主持人罗振宇所指出的，要打造一款适合移动互联网时代的传媒文艺节目，最重要的就是要和传播对象之间建立起一种类似于朋友的互动关系。为了实践这一理念，《罗辑思维》建立了专门的微信公众号和"铁杆粉丝群"，以期逐渐形成一个稳定的核心社交团体。而《晓说》《凯子曰》《彬彬有理》等一众网络脱口秀节目也都表现出类似的产品运作模式和话语建构取向。

"强社交化"特征使得作为传媒艺术双重属性之一的"传播属性"（与"艺术属性"相对应）得到越来越大程度的彰显。这一特征也可以帮助我们理解，为什么在互联网上，艺术上的精湛之作反而常常不如"话题作品"更受欢迎、更有人气，典型的"话题作品"甚至是越遭"吐槽"越火。在微时代，"话题作品"所满足的恰恰是受众的强烈的社交聚焦需求，

---

① 林品.从网络亚文化到共用能指——"屌丝"文化批判[J].文艺研究，2013（10）.

而这也正是"弹幕视频"①这一类特殊产品形成的深层文化原因。

**（四）"亚消费化"**

"微时代"传媒艺术叙事呈现出的第四个新特征是"亚消费化"，即越来越倚重于对"宅、基、腐、萌"等各种亚文化趣味的征引，以此来取悦在移动互联网技术支持下所精准抵达的广大"屌丝"终端。这一特征与我们前面提到的"微主体化"特征息息相关，它是在技术革新基础上所实现的一次受众定位"革命"。原本面目模糊的"大众"被若干趣味更加鲜明多元的"小众"所取代，这成为微时代消费伦理作用于艺术叙事的典型表征。例如，乐视网推出的品牌营销视频《舌尖上的"打飞机"》就是如此——征引互联网时代的隐秘趣味，戏仿大众主流影视作品，以巧妙取悦广大"屌丝"长期不可公开言说的自爱体验。而如果结合网络审查等前后语境来看，文本甚至渗透出一丝久违的、在商业意图之余的"抵抗"内涵。

在微时代，微博、微信等自媒体的兴盛使得单一个体对自身"多重人格"的建构获得了更大可能性，这使得许多非政治化的亚文化趣味在社会范围内获得了更大的言说空间。例如，最为突出的对同性恋亚文化（包括符号、叙事）的征引策略几乎已经成为网络影视场域的一种显性风潮，同时也在很大程度上对传统的"亚文化"界定标准形成了挑战。因此今天，借助移动互联网技术的力量，传媒艺术能够更多地参与到细分身份认同社群的建构过程之中，诸如"英剧粉""美剧粉"和"韩剧粉"的身份标签，往往也不仅仅是审美趣味差异的区隔，而是更多地联结着生活方式乃至价值观念的分野。

## 四

综上所述，本书即将展开的，是对媒介融合语境下以视听互动叙事

---

① 弹幕：指观众在特殊技术支持下，可以在观看网络影视视频的过程中实时输入吐槽评论，而这些吐槽评论会在文本的指定时间点从屏幕上飘过，效果看上去像是飞行射击游戏里的弹幕。虽然不同弹幕的发送时间其实有所区别，但是却可以在视频中特定的一个时间点出现，所以能够给观众一种"实时互动"的错觉。

为核心的传媒艺术场域的综合研究。本书的基本研究框架除绪论外分为三篇，分别是："第一篇：媒介融合与互动叙事"；"第二篇：颠覆中创新——媒介融合语境下视听互动叙事变革"；"第三篇：颠覆中的秩序重塑——媒介融合语境下视听互动叙事策略"。从这一研究框架可以看出，本研究既包括对文本内部结构和话语策略的细读，也包括对文本外部传播范式和生态系统的考察，还包括对具体案例的分析观照。研究中所涉及的例证，以网络电影、网络剧、网络综艺为主，同时涵盖传统的影视作品和新锐的网络游戏作品。因此我们相信，本书能够为方兴未艾的媒介融合和视听互动叙事提供有益的智力支持，也能够为中国影视整体的未来发展提供有价值的学理参照。

# 第一篇

## 媒介融合与互动叙事

# 第一章　何为"视听文本互动叙事"

经典叙事学和新叙事学的研究以小说、电影和电视剧为主要的研究对象，这些文本都有一个共同的前提，就是基本上是单向传播。虽然观众和作者、制作人之间也存在互动，但是这种互动反馈时间较长，并且对文本影响程度较小。随着互联网时代到来，技术条件赋予了文本生产者与接受者之间更为便利的沟通桥梁，社会结构更加扁平化、信息交互成本大幅降低、文艺创作更加关注个性和需求，上述变化，使得受众转变为积极主动参与者成为可能，新媒体技术的快速发展，为受众"自由地改写"提供了方式和手段，形成了"传受双中心"的互动叙事模式。

在这些新出现的文本形式中，互动方式多样，观众对文本的内容影响大大超越了电子媒介时代。因此，当前的互动性是已经不再仅仅是超文本小说、《罗拉快跑》等开放式结局导致的简单的叙事实验，而是已经成为这个时代叙事文本的基因。研究对象的扩展召唤着叙事学理论的发展，所以对"互动叙事"的研究，也可以看作是新叙事学理论继续发展延伸的一个重要路径。

## 第一节　视听文本叙事的相关概念界定

### 一、"视听文本"概念界定

"文本"一词由英文 text 翻译而来，也可译为本文、正文、语篇和课文等。简单地说，文本是语言的实际运用形态，根据一定的语言衔接和语义连贯规则而组成的整体语句或语句系统。[1] 从传播的角度来看，伴随着

---

[1] 百度百科网.文本词条: https://baike.baidu.com/item/%E6%96%87%E6%9C%AC/5443630。

技术的发展和人们对传播需求的不断深化，人类的传播方式大致经历了口口相传、纸质传播、舞台传播、视听文本传播几个基本阶段。视听文本作为一种特殊的文本类型，是运用声音和画面结合的技术手段进行沟通、交流的语言运用系统。

## 二、从"叙事"到"互动叙事"

### （一）叙事

"叙事"是文本表达意义的基本方法。简单地说，"叙事"就是讲故事，"叙事"是动词，即讲述事件发生的经过。[①] 任何叙事都是由叙事主体凭借明确的自我意识实施的主观行为，任何文本都是由叙事主体对事件素材进行的自觉加工。因此，对于叙事概念的深入、全面的理解，首先需要对叙事主体进行分析。对叙事主体的研究，直接关系到作品的创作观念、表现手法和作品样态等关键指标，叙事主体对叙事结构发挥着支配和主导作用。

美国文学理论家西摩·查特曼（Seymour Chatman）根据叙事主体在作品中被感知的程度，将叙述者分为"公开的叙述者"和"隐蔽的叙述者"。"公开的叙述者"可以是小说或电影中的具体人物，也可以是外在叙述者，"他"往往具有自己的立场、观点和情感倾向，"他"的存在能够轻易地被读者或观众感觉到；而"隐蔽的叙述者"则往往喜欢隐藏躲避、不着痕迹。然而无论如何追求"隐蔽"，文本的叙事主体却始终不会消失，叙事的主体意识始终存在其中。

叙事是叙事主体的行为，与创作者的人生经验、情感倾向、理性思考等主体观念息息相关，天然地受叙事主体态度的影响。态度是一种"先有主见"，任何叙事主体在进行叙述时都无法克制、回避自身的态度，不可避免地要将自己的态度表露在叙事和叙事作品之中。

### （二）互动叙事

著名的大众传播学者威尔伯·施拉姆（Wilbur Schramm）认为，传播的同时也是一个与受众分享的过程。他说："'传播'一词来自拉丁语Communis，即与他人建立共同意识的愿望。当我们进行传播时，我们试图

---

① 马海燕.新媒介环境下媒体话语权再分配［J］.传媒，2014（7）.

与他人建立一个'共同意识'。这就是说我们在试图分享知识、观点或态度。"①也就是说,受众在观看的时候不仅仅满足于被动观看,同时也流露出强烈的参与意识。互动是人类信息需求的本能冲动。人类在接纳、理解信息的同时,需要对信息的质量和内容给予反馈,以期得到更加有利于人类持续、高效地获取信息的结果。克里斯·克劳福德(Chris Crawford)认为互动是指"发生在两个或多个活跃主体之间的循环过程,各方在过程中交替倾听、思考和发言,形成某种形式的对话"②。互动强调以用户为中心,符合互联网双向传播的逻辑,能够实现用户与影视作品之间的对等交流,这也要求互动叙事的产生。

与之相对应地,交互(Interaction)则是指发生在可以相互影响的两方或者更多方之间的行为。在当前大部分关于互动影像的文献当中,"互动"与"交互"两个术语基本上是通用的。从广义的角度来看,我们的生活处处充满了交互,"交互"的实质就是"交流",这也是社会传播的本质特征;从狭义的角度来看,本书所讨论的"交互"则是指互联网时代,人与计算机的交流以及人与人通过计算机进行的交流。③

动态叙事方式是叙事与互动深度结合的产物,强调以用户为中心,符合互联网双向传播的逻辑,能够实现用户与影视作品之间的对等交流④,由于用户介入行为不同,进而使得用户体验显著不同,进而构成互动叙事较传统叙事的优势所在。本书将"互动叙事"界定为受众参与叙事,其行动对事实(包括事件、行动、角色等)及这些事实排序均可产生影响的叙事方式。

### 三、从"视听文本叙事"到"视听文本互动叙事"

#### (一)视听文本叙事

当"视听文本"与"叙事"相结合,就形成了视听叙事,即视听创作

---

① [美]威尔伯·施拉姆.传播学概论[M].孙庚,译.北京:中国人民大学出版社,2010:16—17.
② [美]克劳福德.游戏大师Chris Crawford谈互动叙事[M].方舟,译.北京:人民邮电出版社,2015:43—56.
③ 邓若俊.屏媒时代影像互动叙事的概念范畴与潜力环节[J].电影艺术,2014(6):57—66.
④ 郑琪,张雪.数字时代综艺节目的互动与沉浸研究[J].新闻知识,2019(5):23—26.

活动通过技术手段实现文本意义的过程。① 与其他文本叙事相比，视听文本叙事具有以下几个鲜明特征：

首先，视听文本叙事呈现出具象化与直接性的特征。视听文本叙事主要依赖"视觉"和"听觉"的感官刺激，通过强化甚至夸大受众的视听感受，帮助受众理解文本表达的含义，进而提升艺术作品的魅力。相反，其他文本叙事（以文学叙事为例），则主要是通过作者语言的叙述，激发受众的想象，进而重构具体的形象，其叙事效果直接受到受众理解力、想象力和综合素质的影响。

其次，视听文本叙事呈现出叙事手段的融合性。视听文本叙事以画面为主要载体，将影像、声音和文字（字幕）融合立体呈现，相比而言，文学、话剧等其他文本叙事则显得手段单一，或叙事手段的融合性有限，这也使得视听文本叙事效果较其他文本叙事效果更加突出与深刻。

同时，视听文本叙事呈现出叙事方式的灵活性。相对于文学叙事以时间为主空间为辅的时空叙事模式，视听文本叙事时间与空间的共时性更加突出，在技术手段的支撑下，即利用蒙太奇的手法对场景进行切换，从而使得受众感觉到的就是空间感，但是实质上是依据场景的变换而引导时间的流动，这就会在受众的眼前呈现出平行发展、交替进行、并置处理的空间，具体表现为"时空对接式的叙事方式"和"时空交错式的叙事方式"。②

### （二）视听文本互动叙事

关于视听文本互动叙事的概念，邓若俊（2014）认为："从广义上来讲，一般的影像互动叙事是指在最初创作者所设计的各种叙事结构基础上，用户所有通过新媒体所参与的影响文本意义生成的互动行为。"③ 上述概念，一方面体现了受众的积极性，即受众积极参与到了视听文本叙事的创作和传播中来，其角色由过去单纯的被动接受向积极主动的叙述、传播转变，实现传受一体化；另一方面体现了视听叙事文本的开放性和多元性，视听叙事文本传播的过程也是继续创作的过程，视听文本叙事依赖于受众的参与和解读，而这一过程本身又为视听文本赋予了更大的空间和可能。

---

① 祝虹.视听叙事学刍议［J］.当代电影，2014（10）：63—66.
② 赵鹏.叙事视角下影视艺术与文学艺术差异性［J］.党政干部学刊，2016（3）：72—75.
③ 邓若俊.屏媒时代影像互动叙事的概念范畴与潜力环节［J］.电影艺术，2014（6）：59.

需要强调的是，小说作者与读者之间的互动、观众与电视台节目制作人之间的互动都是互动叙事的雏形，但却不是本书关注的重点。本书所关注的，是"互动"在作者、作品、受众之间所起到的作用，是"互动性"作为一种本质属性，对文本叙事结构、叙事话语以及主控思想方面所造成的影响。

因此，本书将"视听文本互动叙事"定义为互联网时代，新媒体技术推动下的，以综艺、影视、游戏为主体的受众参与视听叙事，其不仅具有高度的互动性和开放性，而且互动过程对事实（包括事件、行动、角色等）及这些事实排序均可产生实质性影响。简要来说，本书视听文本互动叙事研究的对象范畴由三个维度构成，如图1-1所示：

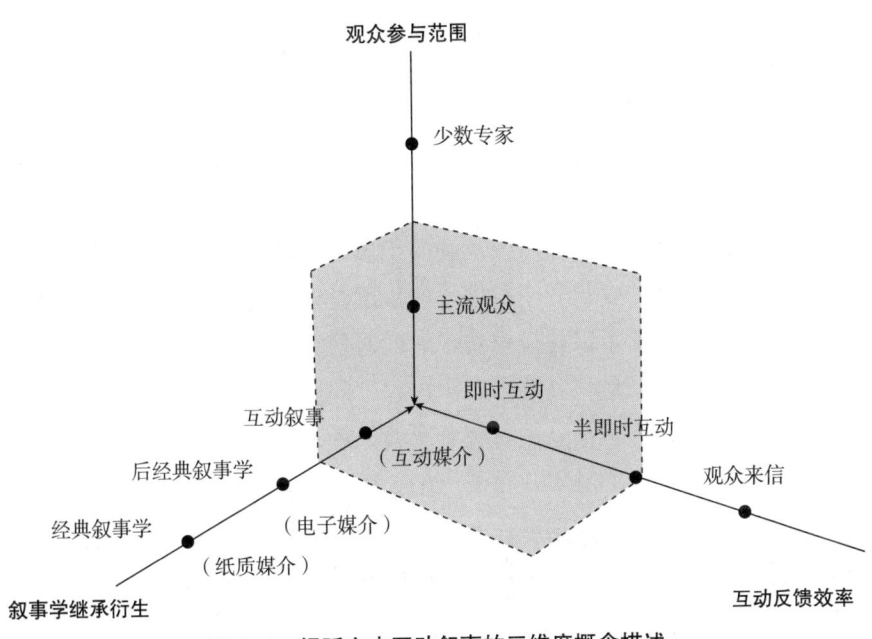

图1-1 视听文本互动叙事的三维度概念描述

第一个维度是从叙事学历史沿革的角度来看，本书互动叙事研究的主要对象是在互联网和移动互联网影响下的叙事形态——这种影响既包括技术层面的影响，也包括话语策略层面的影响，还包括文化精神层面的影响。所以在时间上，本书试图进行的是经典叙事学阶段和新叙事学阶段的进一步发展延伸。至于早期的互动叙事实验，只作为互动叙事的雏形看待，暂不列入本书互动叙事研究的范畴。

第二个维度是从互动反馈速度上来看，互动叙事的研究对象中首先必然包含互动的成分，更重要的是，这种互动成分要对文本叙事产生充分且及时的影响。所以对于普通的观众来信之类的互动形式，也不列入本书互动叙事研究的范畴，也就是互动在反馈速度上不低于前述的半即时互动。

第三个维度就是从互动的鉴赏者参与范围来看，参与互动的鉴赏者必须包含普通的观众群体，即如果与创作者互动的仅仅是个别专家、学者、媒体人士、专业评论者等，互动的内容更多的是专业的批评和研究的话，就不作为本书互动叙事的研究范畴。

## 第二节 视听文本互动叙事的理论分析要点

### 一、视听文本互动叙事的特征属性

#### （一）非线性的艺术表达方式

在传统媒体领域里，图像或声音的记录方式都是模拟式的，人们利用波形信号模拟信息的变化。模拟信号的幅度是连续的，波形时间也是连续的，而数字信号颠覆了以往模拟技术时代对信息连续的记录方式。数字信号记录方式有抽样、量化、编码三个过程，即通过在不连续的时间点上抽样得到样本，再将样本信息进行舍零取整处理，得到编码数据信息，最后将这组编码信息转化成由"0和1"组成的二进制码，最终获得方便存储和处理的数字信号。从数据形式上看，数字信号采用了在时间和幅度上离散的信息记录方式，相对于传统模拟信号处理的连续性，数字信号处理的信息是不连续的，即非线性的。

其实非线性也并非数字媒体艺术所独有。如在文学小说中，可以采用倒叙、插叙等非线性方式组织故事情节；在电影中，可以通过蒙太奇的方式对镜头进行任意组接，进行非线性的内容剪辑。这些非线性的叙事方式在数字媒体艺术中依然存在，但与之不同的是，观众对传统艺术作品接受的过程是线性的，这决定了观众在时间的体验上是线性的，不能对传统艺术作品进行主观影响。而互动叙事艺术作品的创作者不仅可以进行非线性艺术创作，同时其艺术欣赏者还能对作品内容进行非线性的选择，并与之产生互动。艺术欣赏者的非线性选择直接影响作品的生成，使观赏艺术的形式由被动式欣赏转变为主动式参与，并改变了传统艺术中作品与观者的二分关系。互动叙事艺术作品的非线性还打破了传统艺术的时空观。互动叙事艺术作品中的时间可以是无序的，时间成为碎片化的单元，时间具有了空间的属性，任由参与者穿梭与跳跃；空间则具有了时间的属性，在时间的流动中重新组合，参与者主动选择情节发展的非线性叙事方式，显示出独特的艺术魅力。

### （二）由超文本内容构建而成的块茎结构

"超文本"是网络媒体形成以后出现的一种内容资源组成方式，它能用超链接的方法，将各种不同空间的信息组织在一起，允许从当前艺术内容位置直接切换到超文本链接所指向的位置，其对象目标可以是网页、图片、视频、文件或者是应用程序。超文本构成了数字媒体艺术的独特个性，并创造了通过操控行为进行艺术欣赏的全新艺术体验方式。"超文本是一种非线性的碎片电子网络，用户可以借助鼠标的'点击'连通它。在这里，读者不再是被动的消费者，而是最终文本实现的积极参与者。"[①] 超文本为参与者进行互动叙事艺术作品的互动提供了有利条件。"乔伊斯对探索性的超文本与建构性的超文本之间做出了区分。探索性的超文本可以让用户感受各种不同的组织结构，但是用户却不能改变这些结构。相反，建构性的超文本更像是一种工具，它可以让用户去干预文本的内容与结构。"[②] 互动叙事艺术作品语言体系中的块茎结构，具有超文本的典型特征。参与者可以一个人或几个人同时进行空间中的互动体验，也可以进行多人在线参与。参与者的参与，为作品的生长带来信息的传递与生成。参与者当希望尝试其他块茎时，随时可以跳出，到别的地方去继续交互。不同块茎之间的横向跳跃互通是自由且不受约束的。同时，创作者可以对块茎的生成条件进行限定，多元性的整体不会混乱。参与者通过超文本用自己的方式建构艺术世界，这与传统艺术的封闭结构完全不同。传统的艺术，如

---

① [法]约斯·德·穆尔.赛博空间的奥德赛——走向虚拟本体论与人类学[M].麦永雄，译.桂林：广西师范大学出版社，2007：93.

② [法]约斯·德·穆尔.赛博空间的奥德赛——走向虚拟本体论与人类学[M].麦永雄，译.桂林：广西师范大学出版社，2007：94.

绘画、电影，每个人接收到的作品信息是一致的，根据内心的个人经验，去体验作品。在超文本的数字媒体艺术块茎结构中，每个人通过自己的方式去操控作品，建构作品，是流变生成的过程，艺术内容是多元的，审美感受也更加多样。

### （三）CG影像构建而成的虚拟景观

凭借各种数字技术的合力，以及加盟其中的力学、生物工程学、人体工学、仿生学等多种学科的支持，数字媒体艺术在创作中无所不能，CG特效、非线性编辑、多媒体技术等新的制作手段与技巧，使传统难以虚拟创建的视觉效果在数字化的编辑与整合中得以实现。[1]互动叙事艺术作品的发展，让影像的客观真实性突破了"眼见为实"的逻辑思维方式。在数字世界里，一切信息都是通过数值进行记录与表现的。CG影像技术可以对真实的物质世界进行再现式表现，也可以创造出全新的影像与符号，这种新的影像与符号，无须真实拍摄对象本体，通过数字技术就可以虚拟制像。这种虚拟性，从严格意义上说，已经不是对真实世界的逼真模仿，而是通过数字信息技术计算生成的数字拟像，或者是对原有素材按照创作者的意图进行主观意愿的重新创作或改造。由于视觉效果的逼真性，虚拟性将超真实的影像推到一个新的高度，一定程度实现了"以假乱真"。对于观众来说，在一定程度上，真实性已经不再重要，重要的是在移花接木、瞒天过海的视觉奇观的世界中，尽情享受视觉惊奇与震惊体验。此外，数字媒体艺术还能应用丰富的创作手段将人们可以想象到的各种感觉元素进行完美的结合，并在一个虚拟的场景中予以充分呈现，从而让接受者能真切体验到虚拟世界的梦幻体验。例如，在Second Life、HiPiHi、Uworld、NovoKin等三维虚拟网络社区作品中，每个参与者都要在社区中扮演一个虚拟角色，在其中，你可以像在现实中一样与虚拟世界中的朋友一起参加音乐会、逛商场、看电影、跳舞，几乎一切真实世界中你能想象得到的社交活动都可以在虚拟社区中体验到。在这个虚拟空间中，参与者还可以自由飞翔与穿梭，可以见到千奇百怪的建筑与场景，能在一个个虚拟景观中体验到与现实社会完全不同的超现实体验。

---

[1] 邱晓岩.数字媒体艺术的新美学特征[J].西南民族大学学报，2004（12）．

### （四）正在进行时的超时空观念

科技让数字信息通过网络传播，打破了时空观，进入了麦克卢汉的地球村。然而，在互动叙事艺术作品中，超时空性不仅仅是指瞬间全球同步一体化的信息传播方式，其单一的时空观已发生改变，可以对数字世界中的多维时空进行任意的选择、并置和处理。时间与空间不再有唯一性，而是被充分解构的。时间的无序性、碎片化，空间的自由性、扁平化，多维的空间观与共时的时间观成为互动叙事艺术作品的新特征。参与者可以来自世界各地，通过网络介入其中，同时还可以参与到艺术作品中，根据各自的经验与兴趣，进行作品的交互生成。例如，在数字互动装置艺术《超声链》中，创作者以手机为媒介，以人声沟通为主题表现，参与者通过手机录制自己的声音，形成可视化的音轨线，储存在虚拟时空中。众多的参与者在不同的时间内录制各自的声音，使可视化的线段并置在一起，构成可视化的虚拟网络声音界面，体现出声音信息内容与时间的关系。参与者的声音以线性的方式记录、存储，传统的线性时间被解构为碎片化的单元。当多位参与者互动时，有的参与者在录制，声音会不断被记录，音轨视觉线段增加；有的参与者在不断地随机选择播放声音，两种声音同时被录制，形成超时空的声音沟通与混合。互动叙事艺术作品在创作上是流动的，受众的观赏行为只有在与艺术主体的实时交互中才能得以发生，由超文本内容构建而成的块茎结构则打破了连续性的时间和空间概念，从而促使部分互动叙事艺术作品变为超时空艺术品，它们不受时空约束，可被任意拼凑。

### （五）实时反馈的交互式审美体验

随着数字技术的不断发展，观赏者不再是被动地观赏，而是可以主动地参与到作品中，进行交互式体验。观赏者在参与作品的创作环节时，观赏者的每一次操控点击，每一次进入艺术超文本块茎结构中，都可以改变艺术作品的内容与形式，改变作品的叙事结构，从而获得不同的审美体验。因此，那些游戏等可在动态中实时生成的互动叙事艺术作品，其艺术体验总是新鲜的。

虚拟化为人类带来了两个世界，即虚拟世界与现实世界。两个世界需要通过观赏者的交互进行连接，将参与者的行为进行数字化处理，传输到计算机中，与作品发生交互，参与者延伸入虚拟的世界。艺术受众从传统

# 颠覆中的秩序
## ——媒介融合语境下视听互动叙事研究

艺术中的单向度的被动观看，转变到双向的主动体验与交流，在交互中，观赏者的感觉与体验不仅可以是真实的，而且可以体验到在现实生活中无法体验到的感觉。德国先锋互动艺术家 Ske Dinkla 在《交互艺术的界面历史》中提到游戏赋予了玩家个性的观点，并强调互动性的强大创造力。2008 年 12 月在新加坡举行的美国计算机协会（Association of Computing Machinery，ACM）SIGGRAPH ASIA 2008 Art Gallery 艺术展中，日本学术振兴会特别研究员藤木淳制作了一款 PlayStation 游戏"无限回廊"[①]，玩家把动态控制器当作手电筒，控制光照变化，照亮画面内的关卡，自由自在地操作物体映出的影子，游戏人物通过影子形成路线走到终点。从早期的通过鼠标、键盘进行交互到当今使用各种先进的模式识别设备，观赏者和计算机在类似于自然语言与动作的交互环境中进行信息交换。从人要适应电脑的操作到电脑要适应观赏者的习惯的转变，使观赏者越来越摆脱学习与适应操作工具的痛苦，沉浸到交互体验的快感之中。

在具有审美体验的互动叙事艺术作品交互活动中，作为交互主体的人常被激起某种情绪，选择性关注某种事物，在引导下形成某种感知，产生连续的思考，展开被触发的想象。这些都与行为有关，也与情感有关。所以，交互是一种经验，是一种时间和空间的存在。互动叙事艺术作品的交互塑造出观赏者的经验世界，给予观赏者一种以往任何方式都无法达到的情感与精神体验。

另外，交互式审美过程也呈现出实时性的时效特征。互动叙事的实时反馈性指的是互动行为要能够及时对文本的情节内容、表达策略、主控思想产生影响。如互动戏剧《消逝》中的即时互动就能够马上呈现出具体效果，即便是半即时互动的情况，也在新节目面世时受众就能看到反馈意见的介入。所以，如果文本对互动做出的反馈时间很长，也就不能构成互动叙事，在很大程度上可能只能叫作二次改编。实时反馈不仅是互动叙事的基本特质，也是现代媒体运营机构所期望建立的商业机制。如"弹幕"的发展过程就很说明问题。开始时只是少数粉丝视频网站具有弹幕功能，如"哔哩哔哩"（www.bilibili.com）。虽然视频的原文本并未对用户评价做出真正反馈，但我们可以把飘满弹幕的视频看作是弹幕和原有视频共同构成的

---

① http://www.jp.playstation.com/scej/title/mugen/.

新文本，进而创造了一种新的观赏体验。因此，这是一种更加开放的互动叙事形式。由于这种互动叙事形式能够吸引更多的粉丝，所以目前各大主要视频网站如优酷、腾讯、搜狐的大部分节目都已经提供了弹幕功能，鼓励观众即时评价，甚至连一向保守的央视网也在视频下方提供了弹幕功能。当前，在大数据理念被普遍接受的情况下，这种实时反馈的数据对于视听文本的制作商和运营商而言都是非常宝贵的数据资源，经过分析就能够直接用于指导新的文本的生产，以迎合观众的喜好。

### （六）情景交融的沉浸式体验

沉浸感，是一种强烈的临场感。纽约视觉艺术学院 Joseph Nechvatal 博士对沉浸感做了这样的定义："沉浸感是当人们面对人造的、引人入胜的事物时对自身物理性存在感的削弱或丧失。这种精神状态中，人们常常可以感到自身抽离出现实空间，对现实中的周围环境毫无察觉，注意力仅仅集中在某一个虚拟的时间和空间之中。"[1] 互动叙事艺术作品与传统艺术相比，通过对现实物象、声场甚至气场、重力、气味的模拟再现了一个"真实世界"，观赏者置身其中能感到超乎现实的真实感。

国际游戏开发者协会（International Game Developers Conference）创始人、游戏设计专家 Ernest Adams 将沉浸形式分为三大门类[2]：一是感官沉浸。感官沉浸是一种在完成有技巧的触觉活动时产生的体验。如电子游戏中的玩家会因熟练的技术动作而获得成功的沉浸。二是战略沉浸。战略沉浸是一种更加依赖于大脑，与精神挑战密切相关的沉浸形式。如围棋选手沉浸于一种谋局布阵的体验。三是叙事沉浸。叙事沉浸是观众沉浸于故事情节的欣赏体验。如沉浸于书本或电影故事。与传统艺术沉浸感相比，游戏、虚拟现实等互动叙事艺术作品是一种综合了三大沉浸种类的复杂型沉浸式体验。而近几年体感交互技术的飞速发展使得数字游戏艺术的沉浸感更具感染力。

CG 影像中以假乱真的三维特效，网络多媒体艺术的超现实互动，虚拟现实艺术营造的多感官仿真幻境以及充满趣味的数字游戏，这些互动叙事艺术作品营造出情景相互交融的虚拟世界比传统电视剧、电影来得具体

---

[1] Joseph Nechvatal. Introduction to: Immersive Ideals / Critical Distances [D]. Newport, Wales, U.K.: University of Wales College, 2004.

[2] Adams, Ernest. Postmodernism and the Three Types of Immersion, Gamasutra, July 9, 2004.

而生动，人们可以轻易地进入沉浸式体验的状态。

**（七）交叉融合的跨媒介创作传播**

互动叙事的主要研究对象是构筑在互联网快速普及并成为社交平台这一现实基础之上的。互联网使传统的纸媒、电视、电影的资源得以整合，互联网本身就具有天然的跨媒介性。所谓互动叙事的跨媒介性并非仅仅指同一视听文本在不同的媒介上播出，而是充分发挥各种媒介的特性，共同完成视听文本的叙事。

## 二、视听文本互动叙事的实现机制

关于视听文本互动叙事的实现机制，惠东坡、卢莎（2019）研究认为，"视听话语互动叙事在创作者—话语文本—媒体—受众之间存在人机互动、人际互动、媒体互动等多种互动形式，视听话语实践在多维度互动中得以实现"。即惠东坡、卢莎（2019）提出了人机互动、人与视听文本互动、人与人互动、媒体与媒体互动的"四维"互动机制。[①] 本书认为，上述"四维"互动机制侧重过程层面的互动机制研究，对于互动的实质性作用和效用关注不足。本书试图从视听文本互动叙事的三个核心互动层面，即传受互动、媒体互动、社会互动和商业互动四方面加以分析。

**（一）传受互动**

传统语境下的影视传播媒介是一种单向度的封闭式媒介，限于条件的制约，电影院中和电视机前的受众只能被动地观看，他们的反馈信息不能即时、直接地传达到创作者那里，始终无法形成信息传受双方的有效互动。而随着新媒体技术的发展，这种情况被改变了。凭借互联网高效的通信功能，坐在智能终端设备前的网络电影、网络剧的观众，能够在观看作品的同时十分便捷地将个人的态度、观点、评论、建议、诉求等信息反馈给创作者；创作者也能够立即收到来自广大观众的反馈信息，并且有可能在很短的时间内将受众的反馈信息作用于文本，对作品进行改进和调整以满足观众的需求。而且，视听文本互动叙事的传受互动关系不仅仅局限于对受众反馈意见的征集，随着新媒体技术的不断升级，受众在一定条件下

---

[①] 惠东坡，卢莎.互动叙事：全媒体时代视听话语实践的新走向[J].新闻论坛，2019（3）：13—15.

得以进一步参与甚至主导作品的创作，传受双方的互动关系体现在视听文本叙事的构思、创作、传播、欣赏、回馈全过程。传播环节的创新对创作环节产生了深刻的影响，即在很大程度上改变了传统影视剧的叙事结构，使得新媒体语境下的创作者能够达成这样一种共识：视听文本互动叙事的叙事结构应当为传受双方的互动留下足够的空间。具体而言，视听文本互动叙事的传受互动关系表现为：受众引导创作、受众参与创作、受众主导创作。

### （二）媒体互动

近几年来，数字化技术为信息传媒产业带来的"技术范式转移"推进了媒介产品、传播渠道和接收终端等方面的趋同——媒介融合的倾向日益显著。在此过程中，不同类型的媒体彼此之间进行了重新定义，传播格局发生了重大的改变。在以"交互"和"链接"为特征的数字媒体时代，视听文本不再限于一种媒介，而是以游戏、影视、综艺、图书等多形态交叉呈现。随着媒介融合进程的进一步推进，传统媒体和新兴媒体互动融合已成常态，共同构建媒体融合背景下的"媒体矩阵"。在这一背景下，视听文本的制作方也进一步加强了与电影公司、电台、电视台及网站的合作，媒体间的互动也日益频繁、深入。具体而言，视听文本互动叙事的传受互动关系表现为：联合宣传、联合播出、联合制作。

### （三）社会互动

与传统电影、电视剧相比，网络电影和网络剧大多具有项目周期短、上线便捷、审查相对宽松等特点，使得网络电影、网络剧的创作更加灵活，不少网络剧采用了同步制播的模式，一边拍摄，一边播出。新的制播模式大大增强了网络电影、网络剧的时效性和当下性，使得网络电影、网络剧具有传统影视剧创作无法比拟的快速反应能力，能够将社会上新近发生的热点事件，以及互联网上正在流行的潮流元素整合到文本的叙事结构中。故事或紧随经济社会发展现状，或聚焦街知巷闻的热点话题，或参与争议事件的社会讨论，或回应广大网民的重大关切，或吸纳风靡一时的网络金句，这些网剧以文本为载体与当前社会紧密互动、借势传播，精准捕捉观众的兴趣，牢牢牵引受众的视线。

### （四）商业互动

随着新媒体的发展，网络受众呈现出基数大、年纪轻、消费能力高、舆论导向能力强等特点，其群体特征明显区别于传统媒体受众，使得网络成为了与报刊、广播、电视相区别的营销阵地。而网络电影、网络剧所具备的关注度高、互动性强等特点，特别适合作为商家塑造企业品牌形象、进行整合营销的载体，格外受到广告主的青睐。在现阶段，企业冠名、贴片广告、暂停广告位、角标、口播、软性植入等不同形式的广告是网络电影、网络剧的主要收入来源。网络电影、网络剧的创作者在策划之初，便要考虑到文本与商业的互动，在叙事结构上为商业广告预留空间、有机融合，可以说网络电影、网络剧、网络综艺在创作之初便孕育着商业基因。

### 三、视听文本互动叙事的影响因素

#### （一）互动结构对于视听文本互动叙事的影响

互动对叙事的影响从文本生产环节来看主要可以分为预设式互动、半全程式互动、全程式互动；而从互动反馈的速度来看则可以分为即时互动、半即时互动、非即时互动（见图1-2）。

| 文本生产环节 | 非即时互动 | 半即时互动 | 即时互动 |
|---|---|---|---|
| 全程式互动 |  | 《天使的翅膀》 |  |
| 半全程式互动 | 《纸牌屋》（美）《蛇蝎女佣》（美） | 《幸存者》（美）《万万没想到》《中国好声音》 | 《我们15个》 |
| 预设式互动 |  |  | 《消逝》（美）《作品1号》（法） |

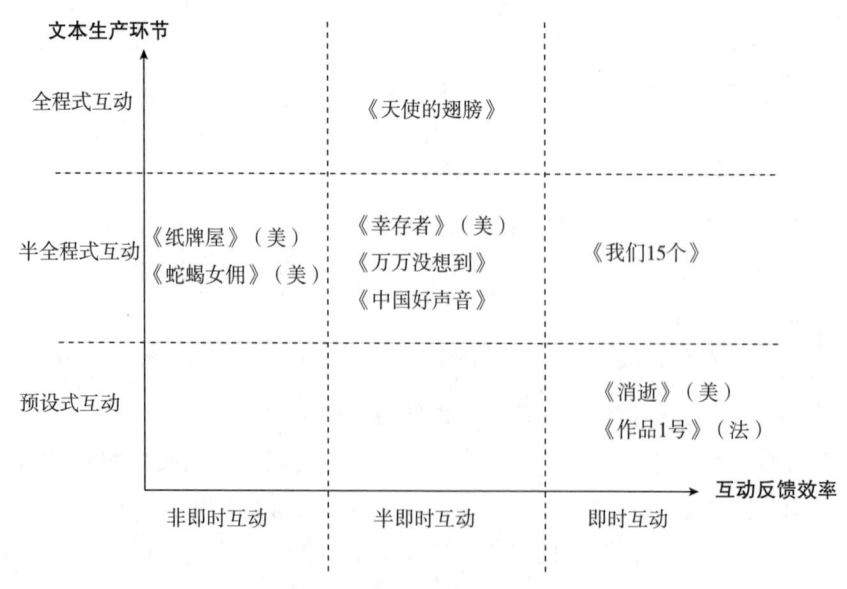

图1-2　互动对叙事的影响方式

预设式互动主要出现在较早期的开放式结构电影、互动戏剧和超文本小说中，比如前面提到过的《下午，一个故事》《罗拉快跑》《消逝》等。

这些文本的共同特点是故事的几种发展方向都是设计好的，互动影响的主要是叙事的体验过程，通过互动获得接受的新奇感。虽然文本的叙述视角、叙事时间、叙事空间都可以随着受众的选择而改变，但是这种改变总体上没有超出创作者对故事的设计，接受者可发挥的成分只占很小比例。

半全程式互动指叙事文本在大部分创作完成后就启动播出或者出版，在播出或出版阶段邀观众、读者参与到互动中来决定情节走向和结局。如优酷网2013年推出的系列剧《万万没想到》，在播出后采用微博和微信等网络社交媒体与观众互动，就故事和角色展开讨论。2015年推出的《名侦探狄仁杰》更是直接邀请观众就故事结局展开投票，按照粉丝的意愿拍摄出情节。但是，由于参与人数众多，故事情节趋向对角色和事件的直白表达，情节的艺术性实际上是在逐渐降低。而美国的真人秀《幸存者》（2000年开播，目前已经拍摄了30季）则反其道而行之，增加了整个节目的悬疑性和艺术魅力。在节目进行过程中，粉丝其实是和编导共同玩"猜谜"游戏，粉丝们热衷于对人物下一步的命运做出"揭穿"，而编导则想尽办法保密，并回避粉丝们猜测的结果，让节目充满不断的反转。所以半全程式互动的主要作用点是叙事文本的情节发展过程与最终结局，但其缺点是在节奏和方向上很难控制——故事的审美体验有时会加强，但有时也会以一种很平庸的方式完成叙述。

全程式互动是最难把握的文本构建过程，这种过程是在作品筹建开始就引入观众的互动。像前面举例的《天使的翅膀》以及其他一些众筹类的叙事文本即是如此。但这类文本往往会面临着平庸化的危险，整个叙事过程很有可能演化为一场狂欢或者是恶搞。互动过程可能会完全毁掉叙事的结构和节奏，所以对导演来说，如何控制整个互动过程，让作品既不流俗，又能最大限度地满足观众期待，可以说是最严峻的挑战。

从反馈速度来看的非即时互动指的是在节目播出时，就邀请观众参与节目内容的讨论、猜测、投票等。例如，美国Netflix、Imagica BS、NOTTV联合出品的《纸牌屋》（2013），美国有线电视台Lifetime出品的《蛇蝎女佣》（2013），都是在节目播出的同时，邀请观众参与节目内容的讨论，还在网上搞投票活动，让观众揭秘节目的悬疑。这种互动方式基本是以吸引粉丝为目的，粉丝的数量代表该节目受观众关注的程度并与收视率挂钩。观众反馈所决定的仅是节目的存在与否，并非即时改变，制作人对观众的反馈采用主要表现在节目是否继续下一季的拍摄上，对已经播出季的叙事并没有影响。

半即时互动是指边拍摄边接受观众的反馈，演员、编剧都和广大粉丝直接交流，同时也就节目的内容接受观众的建议，在新的一集拍摄以前就会充分考虑观众的意见。例如，《中国好声音》《美国偶像》这种互动性强的真人秀节目，观众的投票直接影响角色的存留，反馈也是在新的一集节目中就能直接看到，但观众的意见和建议影响不了当集的内容。这种互动主要影响叙事的故事情节设计，由于接受意见非常广泛，所以在叙事话语上的影响也比较大。像此类互动直接影响当前拍摄进程，反馈很快能在节目中有所体现的，都应该看作是半即时的互动。

即时互动则是指用户的操作直接就可以影响文本，例如互动实验小说《作品1号》、互动戏剧《消逝》，都是在欣赏过程中观众通过自己的操作直接参与到作品的叙事中，反馈当时可见。2015年由腾讯公司出品的真人秀节目《我们15个》，采用了大量多角度摄像机，24小时不间断直播，让观众可以通过视角的选择，体验到不同的叙事视角。同时导播也会为观众准备不同视角的节目，就如同对一件事情从不同的角度去看的效果。即时互动虽然在叙事视角和时序上都比较有限，但是从叙事学的意义上讲，这种是最为纯粹的互动叙事。

### （二）媒体技术对于视听文本互动叙事的影响

从亚里士多德的模仿论、本雅明的机械复制论到鲍德里亚的虚拟论（模拟与仿像），每一次重大的媒介技术与艺术语言变革，都会在某种程度上为艺术观念与艺术特征带来新的变化与发展。"艺术作品首先体现艺术家的观念，然后再由技术提出最为巧妙和聪明的解决方法。艺术作品与每个人的思维方式有关，由观念驱使的创作是艺术性的创作，而如果仅仅通过技术实现的创作就不能成为艺术创作。"[①] 互动叙事以数字媒体技术与数字信息科技为载体与支撑，对媒体的依赖性比较明显，但互动叙事的快速发展也在同时不断拓展其艺术载体本身的特性衍生与风格拓展，从而不断为当代艺术带来新的艺术特性。

---

① 艺术中国网.互联网和新媒体艺术——访本杰明·维尔（Benjamin Weil）：http://art.china.cn/shijue/txt/2006-03/23/content_50211.htm.

互动叙事艺术为全新的艺术创作提供了可能，为艺术内容与形式的创新构想带来了机遇。在数字世界中，时空观被解构、交互叙事成为可能，拟像操作与实时生成为创作者进行新艺术形式探索提供了广阔空间。传统艺术符号的能指与所指链条逐渐断裂，互动叙事艺术作品在继承传统艺术语言与形式的同时，又在不断探寻着新的突破，艺术与数字媒体技术、生物技术、物理技术等科技的结合，打开了互动叙事艺术作品多元化的创作与实践领域。

21世纪以来，随着智能手机在日常生活中的普及和移动通信技术的快速发展，媒介融合背景下大众传播形态下的视听互动叙事形态进一步被媒介技术所改写，随着4G、5G的到来，移动互联网技术、人工智能、物联网、云计算等一系列新技术新应用将进入千家万户，在大众传播格局中的移动通信终端用户的生活方式、信息交互方式甚至参与交互的思维方式发生巨变的同时，置身于媒介融合背景下的高速变革的视听叙事文本的叙事内容与话语形态也在发生深层的变革。

### （三）语言环境对于视听文本互动叙事的影响

艺术创作者在叙事过程中，不可避免地会受到语言环境的影响。语言环境这一概念由波兰人类学家马林诺夫斯基（B. Malinowski）于1923年最早提出，他认为，"如果没有语境，词就没有意义"，话语和环境互相紧密联系在一起，语言环境对理解语言是必不可少的。马林诺夫斯基将语境区分为两种类型：一种是"情景语境"（或"言辞内语境"），指交流过程中某一话语结构表达某种特定意义时所依赖的各种表现为言辞的上下文，既包括书面语中的上下文，也包括口语中的前言后语；另一种是"文化语境"（或"言辞外语境"），指的是交流过程中某一话语结构表达某种特定意义时所依赖的各种主客观因素，包括时间、场合、话题、交际方式、交流双方的身份地位、谈及的对象等客观因素，以及交流者的立场、观点、品格、气质、才能、学识、兴趣、爱好、艺术修养、语言习惯、姿势手势等主观因素。一系列的语境因素类聚、组合后构成了一个复杂的语境系统。① 艺术的创作者和鉴赏者，总要在这个系统内进行交流；叙事过程的发生、叙事形式的选择和叙事效果的达成，必然会受到上述主客观因素的

---

① Ogden and Richards. The Meaning of Meaning [M]. Houghton Mifflin Harcourt p.1989.

影响。网络电影、网络剧的创作和鉴赏，正是发生在当下的互联网环境之中，其文本属性也必然受到语境影响。互联网语境是一个不同于客观时空和现实社会的特殊语境，其自身的言语规律、受众心理、主客观因素等，对于视听文本互动叙事均可产生很大程度的影响。

### （四）媒介形态对于视听文本互动叙事的影响

叙述媒介与叙事相伴而生，故事构建与媒介形态的适从性关系早已成为了学术定论。换言之，如果对媒介发展史中同一叙事底本的不同媒介述本进行分析的话，我们就会发现，媒介形态的差异对故事文本构建和受众审美过程中情感结构的构建均有深远影响。由于媒介的形态差异，即便是同一叙事底本，也会呈现出不同的表达方式，并终将影响故事。如以"三国"底本为基础的述本建构为例，该故事底本在媒介发展进程的不同阶段，就呈现出不同的文本面貌，史学家的记述更重视史料的真实和史据的丰富，说书人的口述则更重视人物的奇观表现和历史的戏剧化呈现，戏剧媒介高度开发人物性格所呈现的动作程式，影视媒介则着重对三国时期的人物和历史进行视听再现，游戏叙事中的"三国杀"更多是用游戏机制对三国这一传统文化底本进行包装。通过对三国底本的不同媒介述本（口述、文字、戏剧戏曲、影视、游戏等）进行横向对比，我们很容易推导出媒介因素对情节增删、主题选择、人物塑造、情境设置等叙事元素的制约或强化，并明证媒介因素在故事建构中的积极作用。

视听文本互动叙事过程中，交互活力最为活跃的智能手机受到移动终端屏幕尺寸的规约，话语运作中视听策略呈现出不同特征。例如受到小屏制约，移动终端景别选择更多的是特写画面和中近景画面，在视听叙事多噪声和快切换的交互环境中，移动终端用户很难长时间沉浸于叙事情境，这就需要强代入感的叙事效率和微体量的叙事内容，这也成为了这类视听交互叙事文本的新型话语特征。尤其是媒介融合背景下大型视听互动网络游戏，其独特的艺术呈现、独立的艺术语言形态、独有的受众参与模式使其展现出截然不同的艺术气质。有学者将其命名为继绘画艺术、雕塑艺术、建筑艺术、音乐艺术、文学艺术、舞蹈艺术、戏剧艺术和影视艺术之后的"第九艺术"。

# 第二章　视听互动叙事的时代环境与传播语境

## 第一节　视听互动叙事的时代环境——互联网时代

### 一、互联网时代的社会系统变革

随着互联网、智能移动终端、可穿戴智能设备、虚拟现实等新媒体的日渐兴盛，一种集艺术制造者、传播者、消费者为一体，实时交互的新媒体艺术时代已经到来。而互动叙事作为新媒体艺术的重要艺术语言形态，除了受到数字科技与网络媒介传播渠道变革力量的推动之外，互联网时代的宏观社会系统变革力量也在不断成为互动叙事快速成长与进化的重要动力。

#### （一）社会生产与消费方式的变革

随着工业化的加深，艺术作品借由科技的发展能够进行大规模的复制加工，艺术品的创作也变成了批量生产，并不可避免地被纳入规模化生产链条之中。艺术的属性在经济学、社会学角度发生了改变，不再仅仅是社会精英的玩物，而成为了大众的消费对象。而互动叙事所依附的网络剧、游戏、数字装置艺术、虚拟现实艺术等新媒体艺术形态本质上正是社会化大生产、媒介融合以及消费时代艺术大众化的产物。在社会化大生产时代到来之前，一件艺术品从创作到流通都需要依靠艺术家一个人去完成，而现今很多的新媒体艺术作品，单凭艺术家的个人天赋已无法完成整个艺术创作和传播推广过程，如数字游戏的策划、人物建模、场景制作、灯光渲染、技术编程、后期特效、平台开发等综合的艺术创作都需要社会化的集体工作。到了20世纪后期，全球经济又进一步从制造业社会化大生产向信息产业、服务业、文化产业转化，这使得非物质性的商品消费越来越重要，消费正日益与非实用的审美因素紧密相连。数字技术与网络媒体的普及更是大力推进了艺术的社会化与产业化进程，同时也推动着艺术欣赏与消费方式的分众化、个性化、多样化。在新的时代背景下，新媒体艺术多元化、社会化的生产方式，不仅提高了创作和生产效率，更不断地丰富了新媒体艺术作品的数量与形式，满足了社会与公众的艺术欣赏与消费的个性化需求。当然，这也同时对新媒体艺术的发展提出了更多要求，促进了数字媒体艺术在形式、内容与传播媒介上的不断拓展与更新。

### （二）社会文化与观念的变革

社会文化与人们观念的变革也在一定程度上影响着互动叙事的艺术载体内容与形式的发展走向。在现今这样一个趋向消费至上以及工业化生产的社会，尤其是大众传媒的极大普及，促使社会文化与审美方式越发呈现出了多元化与民主化的趋势。社会体系中多种文化并存，相互对话与沟通的格局愈加明晰。通过相互的对话、交流与理解，强势文化心态得以消解，社会文化的去中心化使尊重个体差异和个人价值成为了普遍共识。而新媒体的媒介特性又正好与这种社会文化气质相契合，从而使得当代艺术更多融入了大众的参与，降低了艺术主体的艺术权威，弱化了艺术主体与客体的界限，艺术客体也不再是被动的接受者，借助于数字技术，艺术客体甚至可以通过对艺术品的"二度创作"来"反客为主"，艺术的单向传播变成了交流与互动的多向机制，这些都为互动叙事的形式拓展与内容丰富提供了有利契机。数字媒体的便捷性与互动性还使其成为了多元文化广泛沟通与展示的优秀平台，人们可以方便地借助交互叙事手段以及新媒体艺术形式自由地表达想法。艺术家们可以借新媒体艺术来天马行空地表现其抽象艺术理念，普通人可以自由上传自己的艺术创作成为受人追捧的故事话题。

### （三）生活方式的变革

首先，随着人类生活方式日益嵌入数字化生存环境，人们的生产、生活对于数字产品的依赖程度越发强烈，进而被数字产品逐渐带入了数字化与网络化的生存方式环境中。其次，随着物质生活得到逐步的满足，人们更加关注精神需求，进而使人们生活的重心逐渐从物质生产资料的获取转移到了精神财富的积累。社会化大生产加速了人们的生产生活节奏，使人们的生活方式变得更加快速和紧张。数字媒体艺术能够方便、迅速、有效地获取更多信息，可以让人们在更短时间得到更大程度的娱乐，进而满足现今人们生活方式新需求。

尽管传统艺术形式的魅力经久不衰,但其创作与欣赏方式已经越发不能满足当代人们追求多元化、个性化、互动化与快捷化需要,而作为具有互动性、便捷性、娱乐化与个性化的新艺术形式,新媒体艺术中的大部分种类极大程度地满足了人们高速生活状态下对快餐式艺术与娱乐的追求。计算机、移动终端、互联网与移动互联网的普及更是极大拓展了数字媒体艺术的时空呈现范围,改变着数字媒体艺术的欣赏方式。可以说,人类的生活方式变革,是促使互动叙事内容不断丰富、形式不断创新的直接社会动因。

### (四)审美趣味的变化

数字媒体艺术的蓬勃发展深刻影响着人们审美方式的变化。审美趣味是上述社会文化、生活方式等各种因素作用于艺术欣赏的最终结果,进而促进了数字媒体艺术的不断发展与丰富。每一个时代都有独有的审美特点,本雅明认为传统艺术强调的是"神性仪式化"的艺术光晕与膜拜价值,是感悟式的静观审美方式,而在当代消费社会中,文艺更多成为了供人消遣娱乐的文化产品,呈现的主要是娱乐追求或展示价值。而网络媒体艺术、数字游戏、数字装置艺术、虚拟现实艺术等新媒体艺术形态则显示出了前所未有的操控价值与交互趣味,新媒体艺术创作的过程常常就是一种在线交互的集体接力、集体交流、集体狂欢的过程。审美趣味在数字化生活方式的带动下越发地走向互动式、沉浸式、全景式、超感官,新的互动叙事方式也正在为满足人们不断变化的审美需求而不断地探索与演进。

## 二、互联网时代的传播模式变革

人类的任何活动总是发生在一定的自然和社会环境之中,不可避免地要受到自然和社会环境因素的制约。艺术创作也不例外,艺术创作者在叙事过程中,不可避免地会受到社会生态体系的影响。媒介融合语境下视听互动叙事的创作和鉴赏,发生在当下的互联网社会生态体系之中。这是一个不同于客观时空和现实社会的生态,其特殊的因素必然会对媒介融合语境下视听互动叙事产生影响。因此,熟悉互联网生态体系下的语言符号,了解互联网言语规律,把握互联网受众心理,充分联系互联网主客观因素进行叙事,对网络电影、网络剧的创作者而言至关重要。

### （一）高语境特征

从本质上看，任何叙事的语言都是一个半封闭、不自足的系统。许多话语要表达的真正含义并不完全体现在字面上或言语中，而是会受到时间、地点、语言习惯、语气、手势等主客观语境因素的影响，从而产生不少"言外之意"。在特定的文化环境中，交流双方常常通过一种"只可意会，不可言传"的微妙状态进行交流。美国文化人类学家爱德华·霍尔（Edward Twitchell Hall）便从这种语境的文化性出发，将语境分为高语境（High Context，HC）和低语境（Low Context，LC）两种特征。在《超越文化》一书中，霍尔谈到，任何事物均可被赋予高、中、低三种语境的特征。在高语境文化中，叙事者的言语或行为的意义往往内化于其当时所处的语境中，他所要表达的含义往往比他所说的要多；而在低语境文化中，人们强调的更多的是双方交流的内容本身，而不是其当时所处的语言环境。[①]据此，美国跨文化交际研究者古迪孔斯特（William B. Gudykunst）依据爱德华·霍尔的理论，将12个不同文化背景的国家按"高语境"到"低语境"的方式进行排列，结果显示中国属于典型的高语境国家。究其原因，中国长期属于农业社会，具有典型的"弱流动"社会特征，容易形成高语境文化环境。[②]

文化是一脉相承的，当前中国的互联网社会也主要呈现出高语境的文化特征。相比其他传统媒体，网络媒体的受众呈现出低年龄、高学历、高收入的特征，好奇心强，热衷娱乐，乐于交际，这种高语境特质更为明显。当前，随着社交网络和移动互联网的快速发展，我国的大多数互联网用户已成为一个个网络"圈子"的成员，并且几乎随时在线，呈现出比较稳固的社群化特征。随着一段时期的发展，在这些主题各异、规模不一的"圈子"中间，逐渐诞生了一批新颖生动的网络用语，形成了一些含义特殊的网络行为，培养出一群背景相似的网络用户，沉淀出特征鲜明的网络文化，构成我国互联网社会独特的、高度的语境特征。网络电影、网络剧作为新媒体语境下的文化产品，其语义的承载高度依赖所在语境，许多意思都包括在语境之中，而不需要直白地讲出来。在我国，网络语言从20

---

[①]［美］爱德华·霍尔.超越文化［M］.何道宽，译.北京：北京大学出版社，2010.
[②] 唐德根.跨文化交际学［M］.长沙：中南工业大学出版社，2000：181.

世纪90年代开始发展，是一种从网络中产生、应用于网络交流、在特定的网络媒介传播中表达特殊的含义的特定语言。网民们使用网络语言的初衷，是在聊天室交流中提高打字效率，于是创造了很多词汇的简写形式，如GG（哥哥）、886（拜拜啦）、3Q（Thank you）等。之后，或出于逗乐搞笑，或出于规避敏感，或出于讽刺调侃，网络语言又衍生出不少词意变异或词汇演变的网络语言，如恐龙（相貌不佳的女性网民）、粉丝（英文"fans"的谐音）、河蟹（中文"和谐"的谐音，暗指信息被屏蔽或删除）、屌丝（多指社会底层男性）等。开放、活跃的网络环境使得这些新词汇大量出现、迅速普及，这些生动有趣、富于生命力的网络词汇在制造着网络潮流的同时，也延伸至线下的现实环境，不少已成为人们日常生活中约定俗成、心领神会的沟通语言。在早期的网络聊天室时代，能够领会和掌握网络语言，甚至被视为网络社区的"通行证"。而在互联网高度普及的今天，保持对新鲜网络语言和前沿网络文化的关注和学习，对于人们在网络社会乃至现实社会中的沟通互动也十分重要。因此，对网络电影、网络剧的创作者和观众而言，传受双方共享一个相通的语境，是沟通和互动的前提，是达成艺术效果的基础。如果不能理解"喜大普奔"（"喜闻乐见、大快人心、普天同庆、奔走相告"的简写）、"不明觉厉"（虽然不明白你在说什么，但好像很厉害的样子）等词语的背景和含义，就无法了解许多网民彼此沟通内容的含义。

**（二）碎片化结构**

碎片化是互联网生态体系中最为独特的气质。理解碎片化，应当从互联网用户的媒介接触情况着手，在信息极大丰富的今天，人们获取信息的方式不再是被动的接受，而是主动的搜索。以互联网技术为依托，受众第一次以自我为中心构建信息的传播体系。这种"受者本位"的信息传播体系大大突破了以往传统语境下"传者本位"的桎梏，从两个主要方面改变了当下的大众传播格局。

一方面，个人中心化的传播体系从客观上取消了受众接触媒介的时空限制。尤其是随着近年来移动互联网的大力发展，网络几乎变成了如同空气一般存在的自然环境，网络环境下的受众可以不受时间、空间的制约，随时随地获取信息。要了解当日发生的重大新闻，人们已不需要等到晚上《新闻联播》播出时才能知晓；要观看一场重要的体育赛事，人们也不需要匆忙赶回家中、打开电视机才能收看。全天候覆盖的网络和便捷的终端设备如同可以随身携带的水龙头，需要时轻轻一拧，信息便如自来水般流入手中。于是，人们便可以充分利用自己的碎片时间来获取信息，例如等公交车时、乘坐地铁时、课间闲暇、晚上睡觉前，这些以往几乎被浪费掉的"碎片"时间被时刻充盈的、快速更新的信息所填满。另一方面，个人中心化的传播体系从主观上取消了受众接触媒介的观念限制。在新媒体语境下，受众得以以自身的需求作为获取信息的动机，以主体的观念作为判断信息的标准，以个人的喜好作为传播信息的依据，能够以一种主动的、自由的心态面对媒介。特别是随着社交网络的发展，每一名用户都成为一个信息的节点，各个节点彼此交织在一起，大量不同的态度、看法、声音混杂在一起，传统语境下大众传播的"唯一性"被充满不确定的"多元性"所取代，由此在观念上颠覆了以往的"主流"和"权威"，呈现出碎片化和去中心化的信息传播格局。

让我们从艺术作品的传播链条来加以考察，受众在接受环节中注意力的碎片化和观点的碎片化倾向必然反作用于创作环节，新媒体语境下的信息生产和信息传播呈现出整体的碎片化趋势。为迎合受众需求，网络电影、网络剧的创作者同样也将碎片化作为一个重要的创作原则。

不少网络电影、网络剧的叙事结构呈现出拼贴式的特点。有的网络电影将全片分为几个段落进行分述，每个段落有相对独立的主题、时空、人物、情节，不同段落之间由或明或暗的线索相勾连，通过交织或对比的框架结构暗示出全片的主题。与网络电影的情况相同，不少网络剧也抛弃了传统电视剧的叙事结构，从"连续剧"变为"系列剧"，其本质更应被定义为同一主题的单本剧的合集。这些网络剧不再以全剧若干集的体量去呈现一个完整的宏大故事，而是以每一集的小体量呈现一个完整的精小故事；可能整部剧集有着同样的时空背景和人物设定，但单集彼此之间恐怕并无太多关联。网络观众随便抽取哪一集收看，都能了解一个完整的故事，而不至于像传统电视剧那样，从"半截儿"才开始看大概会不知所云。例如，搜狐视频出品的网络剧《屌丝男士》便体现出典型的拼贴式结构，在每集15分钟的长度内讲述若干个小笑话，由固定的演员演绎不同的角色，片段之间几乎没有任何剧情的衔接，是一部具有鲜明互联网特点的微喜剧集锦。这种拼贴式的叙事结构满足的是新媒体受众在碎片时间中瞬时的、片刻的注意力，使之不必长时间追随即能领略全貌；同时为创作者减轻了负担、增加了灵活度，使得边拍边播、即时调整成为了可能；此外，这种拼贴式的结果还有利于契合线上传播的节奏，便于商业因素的介入。

总的来说，"碎片化""零散化""去中心化""非指向性"等一系列词汇勾勒出当前互联网语境的一项重要表征，深刻影响着包括网络电影、网络剧在内的多种形式的新媒体艺术创作，已然成为当今世界的一种时代精神。

### （三）跳跃式观看

网络电影、网络剧的叙事结构呈现出跳跃式的体验。这种"跳跃感"源于超文本在网络视频领域的广泛应用。超文本是指通过超链接的方法，将互联网空间中不同位置的信息组合在一起，允许用户从当前正在阅读或观看的位置直接切换到超文本链接所指向的位置，显示与该文本相关的内容。超文本将遍布于网络世界的各个角落的信息连接在一起，交织成一张星罗云布、四通八达的网状文本。互联网用户可以根据自己的需求和喜好对这些信息碎片进行排列组合，随时从一个文本跳跃至另一文本，这极大地增强了网络体验的效率和自由度。以往，超文本普遍应用于文图形式的文本中，随着技术的发展，超文本链接开始逐渐应用于网络视频领域。在网络电影、网络剧的播放界面甚至视频画面中，嵌入了大量的超链接按钮，将与该视频相关的信息与之连接。无论是背景介绍、前情提要，还是网友评论、植入广告，或是"猜你喜欢"的相关视频推介，观众可以随时选择点击跳转至另一页面。网络观众在欣赏某一部网络电影或网络剧时，其接受的并非一个独立、完整的文本，而是一个彼此连接着的，包含着文字、图片、声音、影像等多种形式在内的超文本。以在网络电影、网剧中盛行的植入式广告为例：未来的植入式广告可以做到将超链接隐藏在播放中的视频画面中，假设某位观众看中了剧中以道具形式植入的一件商品，他甚至不用暂停播放，而只需要轻移鼠标、点击画面中的该物品，便能直接跳转至电商平台的购买页面。仍在不断探索中的"互动剧"也主要借助超链接的方式：将一部网络电影或网络剧的叙事结构内部分为不同的信息块，在剧情中设置多重节点的交叉，使得观众在观赏过程中能够通过多重链接进行多重选择，从一个信息块跳跃至另一个信息块。这种立体化的超文本，其主题是去中心的、其结构是开放的、其内容是多义的、其元素是杂合的、其脉络是多向度的、其形态是可延展的、其形式是个性化的，这让观众有了更加充分的选择自由，从而能够相对自主地决定情节的走向、人物的命运、故事的结局，为观众的参与和创造开辟了崭新的空间。可以说，网络电影、网络剧的超文本属性使其具备了跳跃式的观看体验。一个看似完整的文本或叙事结构，能够凭借超链接的形式与相关信息进行连接甚至随进随出，这也是新媒体语境下知识体系和传播体系碎片化的重要体现。

### 三、视听文本互动叙事对互联网时代文化与社会价值观念的重塑

艺术在不断成长的进程中，逐渐在人类社会场域里衍生成为体系完整的独立领域，尤其在 18 世纪，艺术已完全从宗教、政治、道德等领域中解脱出来，成长为一个重要的独立社会领域。但就整个社会系统而言，艺术虽然具有一定的自律特征但并不是完全脱离、超然于社会体系之上，它既受到艺术本体内在发展与进化力量的驱动，同时也受到社会周围环境变量的影响和制约，它与社会经济、政治、文化等其他场域交互共融，在彼此产生的合力中相互影响，艺术领域与社会其他领域之间构成了错综复杂的动态结构关系。

随着社会化程度与媒介传播技术的不断提高，尤其是网络媒体与移动终端的日益发达，以往媒介时代所构建出的中心化的、固化的、线性的、专业的、互不相通的信息系统正在被颠覆、瓦解与重构，与此同时，不同社会角色、社会地位与学识背景的人们得以共享同一类信息。传播媒介不仅是新闻资讯与知识的生产与传播工具，还是文化艺术重要的生存载体与传播平台，它影响着人类文化艺术的类型、风格以及作用于社会现实的方式和范围。[①] 在数字媒体时代，那些原本凝结于传统艺术品形而上的"光韵"与大众膜拜价值正在数字技术的不断冲撞中逐渐消散。艺术不再是贵族和艺术家的专有物，艺术在形式、内容、风格、价值理念等方面与社会多个领域、与社会大众产生了前所未有的广泛联系。

自 20 世纪中后期以来，随着互联网、移动通信、数字影视等数字媒

---

① 骆欣.浅议网络媒体的兴起与网络文学的发展[J].新西部：下旬·理论期刊,2012(11).

介的日益发达，互动叙事艺术作品在全球以日新月异的速度全面勃兴。互动叙事艺术作品是传统艺术与数字科技、数字媒体等多领域高度交叉融合发展后所产生的全新艺术样式，涵盖社会诸多领域方面的内容，融艺术价值与社会实用价值于一身，两种价值判断已很难按传统艺术思维去分辨。互动叙事艺术作品凭借其天生的交互性、多元性、平民性与跨媒介易传播性等优质基因，诞生不久便在社会中产生了广泛影响，并迅速嵌入社会多个体系中。互动叙事艺术作品的生产能力、受众规模、传播范围以及艺术影响力正日益强大，其内容成分与社会功能也日益复杂，进而对其自身的艺术面貌以及对社会政治、经济、文化等其他社会领域正产生着多方位的影响。

**（一）社会景观中的互动叙事艺术作品**

互动叙事艺术作品作为一门崭新的艺术形态，对传统艺术、数字科技、大众传媒等行业领域进行了融合创新，展现出了一种全方位开放的胸襟与姿态。它一方面充分汲取众多传统艺术语言与形式，并不断将其纳入成为自身的基本艺术元素；另一方面在飞速发展的数字技术催促下，源自其天生的数字比特基因也不断创造和衍生出全新的艺术语言、创作工具与艺术形式。可以说，互动叙事艺术作品在时代文化、数字科技与传播媒介等社会合力作用的推动下，正呈现出异质同构的强大艺术整合力，正推动着数字媒体艺术在极速发展的进程中呈现出多元、交叉、动态、跨界的特性。

当代法国思想家居伊·德波（Guy Debord）在其代表作《景观社会》中，虽然没有像麦克卢汉那样预言"地球村"的到来，也没有像尼葛洛庞帝那样提出"数字化生存"的口号，但他所阐发的"景观"（spectacles）概念却同样具有理性把握当代社会诸多现象的深邃洞见。所谓景观社会，即以影像为中介的各种复杂社会关系。在德波看来，在现代化生产条件无所不在的社会，生活本身展现为景观的庞大堆聚，直接存在的一切全部转化为一个表象，影像化景观业已成为当代社会存在的主导性本质。德波在数字媒体问世之前就宣称"世界已经被拍摄"，即世界已被媒体化。他认为，后工业社会已进入影像物品生产与物品影像消费为主的景观社会，景观已成为一种物化了的世界观，而景观本质上不过是"以影像为中介的人们之间的社会关系"①。可以说，德波对后工业社会的描述，几乎无一不适用于当下这个数字媒体时代。无论从互动叙事艺术发生发展的时代背景看，从其所全景式映射的现实社会看，还是从其生存的现实状况看，这个"符号胜于物体，副本胜于原本，幻想胜于现实"的景观社会在我们生活其间的数字媒体时代都已经变得越来越具体、典型与普遍。在"谷歌"打造的清晰可见的"数字地球"面前，在 Second Life 构建的人类虚拟"第二人生"空间中，在数字城市、数字人体、虚拟现实等"e-托邦"里层出不穷的新生事物面前，人们将大量的时间与情感注入虚拟网络中，注入由互动叙事艺术所构建的"景观社会"中，从本质上讲，互动叙事艺术正在推动人类社会文化进入一个全新的审美文化领域，一个与现实社会紧密连接的崭新艺术世界。

### （二）互动叙事艺术作品成为民众表达政治诉求的艺术形式载体

有很多古今中外的艺术家都曾有意或无意地借助多种艺术样式来传达自己对社会、对政治的态度与意见，以其独有的艺术方式来介入社会政治领域，以一种内在的社会软性力量来间接实现自己的政治诉求。纵观传统媒体时代，实现艺术品政治诉求影响的权力大多还是掌控在接受过良好教育与长期艺术训练，有着较高社会地位的社会精英手中，他们或是统治阶层的一员，或是在社会文化领域拥有权威话语权力的名人，他们在自成体系的艺术圈子势力中牢牢掌控着艺术话语权。普通民众即便能创作出优秀的艺术作品，若得不到艺术圈子的判定与认可，其价值也很难得到社会的承认，从而无法在以中心化传播模式的传统媒体中得以传播，普通民众阶层的社会话语权力与政治诉求更是无法实现。

而互动叙事艺术作品的出现，正悄悄地改变着这一现状。互动叙事艺术作品创作工具技术的飞速进步大大降低了艺术的学习门槛及其生产与传播成本。个人计算机的功能越来越强，价格却越来越平民化，技术工具的简易、传播渠道的便捷以及艺术技能门槛的降低使数字媒体艺术的语言具有平民化、大众化、公共化的特点。Web 2.0 时代的到来，使得人人都更有可能成为互动叙事艺术作品的创作者与传播者，并使得普通民众创作的艺术品能在社会中迅速传播。

---

① ［法］居伊·德波.景观社会［M］.王昭凤，译.南京：南京大学出版社，2006：1—5.

互动叙事艺术作品的创作手段与艺术传播媒介的双重革命，有利于普通民众以艺术的方式介入社会政治，为普通民众借助艺术形式实现政治诉求提供了可能，也进一步丰富了公共话语的主体与形式。人们在互动叙事艺术作品的空间里，借助 Flash 动画、游戏、交互网站等多种艺术手段和形式，以或隐或显的方式诉说着自己内心的话语，表达着对生活与社会的意见和看法。从曾风靡全国的闪客帝国 Flash 动画到网络恶搞视频《一个馒头引发的血案》到"拆迁大战"游戏到《草泥马之歌》的公开隐喻，公众在社会转型过程中，在国家现有的媒介传播体制下，更多的是借助互动叙事艺术作品形式去抒情达意，社会权威在互动叙事艺术作品中多成为了被解构、嘲讽与恶搞的对象，艺术作品普遍具有叛逆、凸显自我、反抗权威、追求轻松自由的风格，在艺术内容中更是包含了多元的价值体系与思维模式。

**（三）精英与草根文化共融的互动叙事艺术作品多元文化气质**

法兰克福学派的本雅明认为，"最早的艺术品起源于某种礼仪——起初是巫术礼仪，后来是宗教礼仪。在此，具有决定意义的是艺术作品那种闪光发韵的存在方式从未完全与它的礼仪功能分开"①。由于艺术在随后的发展中一直被掌控在社会精英的艺术品位与思维视野中，艺术的宗教礼仪性虽然逐渐减弱，但它在社会中受人精神膜拜的光韵强度却有增无减。就文化艺术主体而言，传统艺术浓厚的精英主义始终将草根文化排斥于门外，公众对于艺术的参与程度十分有限，艺术圈子化的现象相当严重。艺术的光韵在大众传媒技术和摄影、电影等新艺术形式的合力催促下逐渐消散。而数字媒体艺术的出现，更是加快了这一消散的进程，艺术正在从仰视的光韵中回到大众社会中，回到普通生活中。

以计算机、网络、手机、数字电视为主要载体的互动叙事艺术为广大民众的情感表达与艺术创作提供了便捷的手段和平台。由于其创作主体的可匿名性、传播方式的去中心化，互动叙事艺术作品出现了许多冲破禁忌主题和题材的作品；出现了许多用拼贴、戏仿、解构的方式来消解传统艺术、消解社会权威的后现代主义风格作品；出现了许多挑战精英文化规

---

① 瓦尔格·本雅明. 机械复制时代的艺术作品 [M]. 王才勇, 译. 南京：凤凰出版传媒集团江苏人民出版社, 2006: 58.

则,崇尚草根文化精神的作品。一时间,传统艺术长期以来所建立的艺术符号的能指与所指关系,以及其所指称的意义与所追求的终极崇高价值不断遭到冲击甚至解构。互动叙事艺术作品与数字媒介本身一起为大众赢得了艺术表达权力与艺术话语权力,大众的审美趣味与艺术价值观正在社会中不断受到越来越高的重视,那些具有浓厚草根文化的互动叙事艺术作品创作更是空前繁荣了起来。

当我们在过多地关注互动叙事艺术作品所具有的草根文化性与后现代主义风格的作品时,往往会片面地认为这就是互动叙事艺术作品的本质特征,许多学者将互动叙事艺术作品定义为了草根文化的解放英雄。其实,互动叙事艺术作品具有多元文化的广泛包容性,它那独特的"数字编码"艺术语言能吸纳进其他艺术门类的全部特征,从而在情感表达与文化内涵中能以兼容并包的胸怀展现多种文化风格和艺术样式,它既有草根文化的勃勃生机,也有精英文化的崇高典雅;既可以是"下里巴人",也可以是"阳春白雪"。

可以说,互动叙事艺术作品固然是草根文化蓬勃发展的热土,但同时也是精英文化新的场域,社会精英们一样可以用数字媒体艺术的形式载体去咏物抒怀,去阐发哲理,去探索精神。可能因为艺术精英们对数字媒体艺术还比较陌生,或存在技术障碍,或是心理歧视,当前互动叙事艺术作品中十分缺乏那些高雅精致的精英文化艺术作品。但恰恰是精英文化的缺位,造成了当前互动叙事艺术作品中恶搞成风,无厘头成为了数字媒体艺术创作的王道。这种极端化的发展会给互动叙事艺术作品的进一步发展带来极大伤害,同时也会将那些喜欢精英文化的艺术受众排斥在外。互动叙事艺术作品的多元文化包容性是其与生俱来的气质属性,唯有不断彰显其兼容并包的文化气质与多元的艺术内涵和形式,才能不断扩大其自身的艺术魅力与社会影响力。

### (四)互动叙事艺术作品成为民族文化传播的有效载体

就国家层面而言,互动叙事艺术作品是一种几乎"资源零能耗",但却具有极高经济、政治与文化附加值的新兴产业形态。它除了具有艺术的审美功能外,还同时内含着民族价值观、道德观与国家意识形态,并在具有广泛穿透能力的数字媒介传播中,对本国以及其他国家的人们产生着巨大影响。互动叙事艺术作品与国家的文化影响力息息相关,现已成为世界各国竞争的焦点领域。在传统媒体时代里,国家还能通过媒介控制、进口配额、贸易壁垒、信号干扰等手段来抵御文化入侵。在数字媒体时代里,数字媒介的传播特性使得这些抵御手段不再有效。互动叙事艺术作品对于现实的影响、支配以至于重塑是多维度的,从个体的身份归属、民族文化的面貌、国家价值观念的传播、意识形态的构建到社会经济发展、人文素养培养、国家文化软实力塑造、社会主义精神文明建构,可以说,互动叙事艺术作品正在成为社会发展的核心要素之一。

斯洛文尼亚美学家艾尔雅维茨在《图像时代》里曾引用米切尔的话说:"图像是一种伪称不是符号的符号,从而伪装成(或者对相信者来说,事实上能取得)天然的直接性和存在性。词语则是图像的'另类',是人为的,是人类按照自己的意愿武断地生产的,这种生产通过把非自然的元素引进世界——如时间、意识、历史,并通过利用符号居中的疏远性干涉——而中断了自然存在性。"[①] 有些媒体批评家认为,当代人已经生活在一个"楚门的世界"(The Truman Show)[②] 中,一切都是符号,一切都是影像,一切都是数字,一切都在数字媒体的掌控之中。毋庸讳言,这些观点也许带有这样或那样的偏见,但我们越来越真切地感受到,我们生活在一个数字化生存的时代。互动叙事艺术作品正是发生、成长于这个数字化生存的时代中,其自身是一个内涵不断变化、外延不断拓展的概念,它是一个开放的、充满多种可能性的领域,是艺术虚构与想象自由生成和多元发展的场所,是一个融合了精英文化与草根文化,具有巨大包容性的全新艺术载体,它扩大着我们关于艺术边界的认知,也丰富和改变着人类社会。

## 第二节 视听互动叙事的传播语境——媒介融合

20世纪二三十年代以来,电视传播技术的发明、应用和广受欢迎,让电视成为20世纪大众传播现局中最有活力的媒介形态。伴随电视走进千家万户的日常生活,电视媒体对曾经以广播、报纸为主体的大众传播生态

---

① [斯洛文尼亚]阿莱斯·艾尔雅维茨.图像时代[M].胡菊兰,张云鹏,译.长春:吉林人民出版社,2003:26.
② 美国导演彼得·威尔的著名电影。电影以超现实的手法描述了一个媒体控制一切的世界。

结构进行了革命性的改造，然而20世纪媒介发展的历史证明，电视这一曾经作为新生媒介形态出现的传播媒介并未取代报纸、广播、电影等旧有的媒介，旧有媒介也没有在新生媒介的强势传播中自动消亡，而是在"滚雪球"式的大众传播发展格局中重新定位。各种媒介形态在大众传播的崭新秩序中迅速重新定位，并呈现出"融合"的业态特征，媒介互补与整合传播所产生的传播价值的放大作用不是物理性累加的，"电视+报纸+广播+……"的整合思维曾催生出传播价值的"化学式"增值，新生的媒介生态巨人吞噬并消化各具特色的新旧媒介养分，发育出更具融合效能的传播能力。

媒介融合背景下的传播生态体系中，媒介融合规律与以电视为传播主体的传播生态体系有较高的相似度和极强的超越性，传播价值的生成模型再次被各种"互联网+"描述；笔者认为互联网对传统媒介的传播价值增值的影响不只是"整合"性的，而是源于"融合"过后，传播思维变革主导的传播要素组织结构的质性变革，这种质性变革生长在媒介融合背景下叙事行为构成的传播肌体的每一个细胞之中，不仅改变了原生媒介的呈现姿态，也对媒介中叙事的语法规则和话语规范产生了重要影响。

一、"媒介融合"概念

近年来，随着新媒体技术和互联网生活方式的普及，国内外媒体运营方式、传播方式都发生了巨大的变化。新的媒体经济体在继承了传统媒体的运营和制作方式以后，进化出了新的生存方式。传统的媒体经济体也在拥抱互联网，以适应新技术条件所带来的环境变化，如芒果TV（2008年正式上线）、央视网（2006年正式改版上线）等。针对这种发展潮流和趋势，国内对于"媒介融合"的研究应运而生。

"媒介融合"这一概念起初是由美国麻省理工学院的依梯尔·索勒·普尔（Ithiel de Sola Pool）在1983年提出的，他将媒介融合描述为各种媒介呈现多功能一体化的趋势。① 美国新闻学会媒介研究中心主任安德鲁·尼其森（Andrew Nachison）将"融合媒介"定义为"印刷的、音频的、

---

① 蔡雯.新闻传播的变化融合了什么——从美国新闻传播的变化谈起［J］.中国记者，2005（9）.

视频的、互动性数字媒体组织之间的战略的、操作的、文化的联盟"①。相对而言，我国学者喻国明教授在《传媒经济学教程》中给出了媒介融合相对完整的定义，即"媒介融合是指报刊、广播电视、互联网所依赖的技术越来越趋同，以信息技术为中介，以卫星、电缆、计算机技术等为传输手段，数字技术改变了获得数据、现像和语言三种基本信息的时间、空间及成本，各种信息在同一个平台上得到了整合，不同形式的媒介彼此之间的互换性与互联性得到了加强，媒介一体化的趋势日趋明显"②。

2005年，蔡雯在其论文《新闻传播的变化融合了什么——从美国新闻传播的变化谈起》中正式将依梯尔·索勒·普尔在1983年提出的"媒介融合"概念引入中国，2005年也被视为"媒介融合"的理论元年。

在互联网社会形态加速到来的时代背景下，"媒介融合"概念被引入我国之后，迅速得到了学术界的高度关注。在"媒介融合"概念正式被引入我国学术界的第二年（即2006年），中国知网可搜索到的关键词为"媒介融合"的文献数量仅为43篇，但是到了2015年前后，"媒介融合"相关文献呈现出爆炸式增长态势，例如，2017年这一数量跃升至1671篇。上述相关理论研究，不仅涉及媒介融合概念的界定、现状及问题、动因及路径等理论研究，也涉及产业链条、行业规制、社会效应等应用研究。可以说，近年来，我国学术界关于"媒介融合"的研究架构基本搭建，"媒介融合"成为学术界普遍接受且高度关注的学术概念。

在学术界逐步关注的同时，"媒介融合"概念作为一种趋势也在社会范围内被广泛认知和接纳，这一现象在以下部分事件中可见一斑。

（1）2007年，苹果公司和谷歌公司先后发布了iPhone和Google Android系统，这意味着大屏智能手机正式进入了人们的生活。随时随地、方便直观的消费信息成为了现实生活。同时，也是更重要的，是让移动设备上播放的视听文本达到了可以欣赏的程度，相对整个电子传媒时代，移动媒体具有了科幻般的效果。

---

① Andrew Nachison. Good business or good journalism, Lessons from the bleeding edge, A presentation to the World Editors' Forum. Hong Kong, June 5, 2001.

② 喻国明，丁汉青，支庭荣，等.传媒经济学教程［M］.北京：中国人民大学出版社，2009.

（2）工业和信息化部分别在 2009 年、2013 年、2019 年下发了第三代（3G）、第四代（4G）和第五代（5G）移动通信牌照，上述事件也分别标志着我国逐级迈入 3G、4G 和 5G 时代。

（3）2007 年、2008 年之后，中国的 90 后一代陆续成年，逐渐成为时尚消费的重要力量。从技术和文化上来看，城市中的 90 后是伴随着互联网技术革新和互联网文化拓展成长起来的一代，互联网对于他们来说就如同空气和水一样，已经是日常生活的常态要素。这也为媒介融合的发展提供了越来越充足的消费者。

在"媒介融合"被社会范围广泛认知和接纳的同时，政策制定层也在规范和指导的过程中，对"媒介融合"加以鼓励和推动。2008 年 1 月 1 日，中国国务院办公厅转发发展改革委、科技部、财政部、信息产业部、税务总局、广电总局六部委《关于鼓励数字电视产业发展若干政策的通知》。2014 年 8 月 18 日，中央全面深化改革领导小组第四次会议通过了《关于推动传统媒体和新兴媒体融合发展的指导意见》，习近平总书记在会上强调，推动传统媒体和新兴媒体融合发展，要着力打造一批形态多样、手段先进、具有竞争力的新型主流媒体，建成几家拥有强大实力和传播力、公信力及影响力的新型媒体集团，形成立体多样、融合发展的现代传播体系。以此为标志，媒介融合正式上升为国家战略，2014 年也被视为"媒介融合"的政策元年。

近年来，"媒介融合"趋势下的相关产业也得到了长足发展，甚至在某些时期呈现出爆炸式增长态势。在"媒介融合"趋势下，我国网络媒体自制视频节目在 2007 年前后诞生，而 2014 年和 2015 年是网络媒体自制视频节目爆炸式增长的时期，相对 2013 年，2014 年增长率达 107%，包括传统的电影、电视节目形式，还包括互联网技术条件下创新的节目形式，如腾讯视频出品的《我们 15 个》，是一个 7×24 小时不间断、多视角的直播真人秀节目。随后，我国网络媒体自制视频节目继续保持繁荣。《2021 年全国广播电视行业统计公报》显示，2021 年获得上线备案号的重点网络电影 688 部、网络剧 232 部、网络动画片 199 部、网络纪录片 19 部。其中，《百炼成钢：中国共产党的 100 年》《约定》《黄文秀》《在希望的田野上》《奇遇三星堆》《中国减贫：史无前例的人类奇迹》等网络视听作品，让优秀作品在网络新媒体平台多屏共振。①

经历了 2005 年的理论元年和 2014 年的政策元年，政策环境、技术条件、消费人群、文化语境等要素都迅速成熟，本书将"媒介融合"定义为，传媒领域大规模发生的，不同媒体形态之间相互融合、相互协作的发展潮流和趋势。这也是本书讨论视听互动叙事的主要语境基础。②

### 二、多重视角下的媒介融合

#### （一）技术视角下的媒介融合

技术视角下的媒介融合，实际上可以看作是一系列技术创新共同实现了对人类知觉的扩展。从报纸、信件、电话到电视、互联网，整个媒介技术进化过程的趋向是让信息传达更加快速、直观，信息获取更加方便。可以说，媒介融合的技术动力是人类对更为直观的接受方式和表达方式的不懈追求。

2007 年，随着移动互联网设备 iPhone 以及后来 iPad 的普及，整个世界看见了媒介融合的用户窗口。这种终端设备终于可以让人随时随地、直观方便地获取信息。从技术角度讲，这一技术形态完全可以替代报纸、广播、电视。随着媒体内容的丰富，大众日常生活中使用这种设备的时间逐步挤占了使用其他信息获取手段的时间。从 2007 年以后，在地铁上随处可见使用智能终端的用户在浏览信息。例如，经笔者在北京地铁中观察，现在的北京地铁上几乎人手一部智能手机或者是平板电脑，人们用智能设备或者浏览信息，或者玩游戏，或者看电视剧，智能设备已经成为了"人的延伸"，因此在技术视角下的媒介融合，首先是信息终端设备的融合。

而在移动终端设备的背后，则是多种媒体技术的整合，如图 1-3 所示：

---

① 国家广电总局网站. 2021 年全国广播电视行业统计公报. http://www.nrta.gov.cn/art/2022/4/25/art_113_60195.html.

② 另外值得一提的是，在中国还有一个与"媒介融合"相近的概念是"三网融合"。"三网融合"的概念虽然早在 2001 年国务院通过的"十五"计划纲要中就已经被明确提出，但其实直到 2008 年才付诸实践。

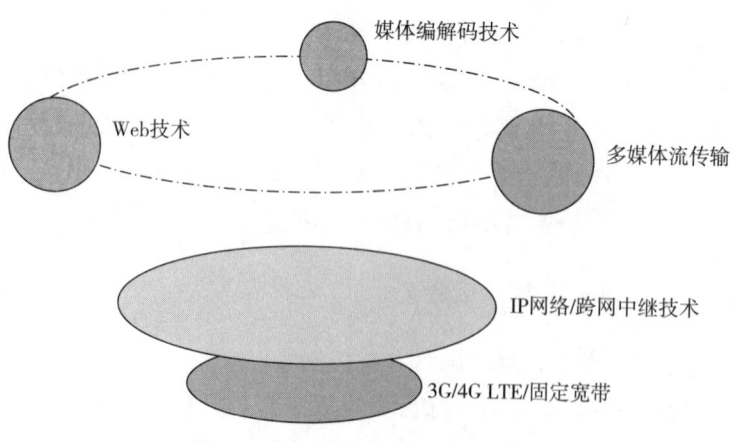

图 1-3　媒介融合背后的技术图景

第一个层次是基础传输信道的融合，2004年国际电信联盟（ITU）提出了新一代网络（NGN）的构想，并且通过多个国际大型组织合作推进NGN的发展。所谓NGN就是通过分组通信网，把IP网络和PSTN网络融合到一起，但是这个概念在后来得到进一步的拓展，特别是移动互联网4G LTE的发展，将语音通信与数据通信全面融合。宽带的数据通信无疑可以承载各种媒体业务，通过底层软件服务，可以把声音、图像转换成数据业务，构成了媒介融合的传输技术基础，在民用和商用的级别上，完全可以替代传统的广播和电视的无线广播技术。特别是H.264等高清视频标准普遍在视频服务网站中得到应用，新的技术平台不仅可以融合其他技术平台所特有的内容，并且可以提供更高的质量。

第二个层次是分组网络的融合。IP网由于其部署简单、使用方便已经被产业链上各个经济实体广泛接受。在此基础上，架设专门的网关设备就可以把电视网、广播网的内容转换成IP网上可以传输的数据包。目前ITU-T和MPEG组织建议的各种网络媒体通信协议基本都已经实现，这样就构成了网络层的媒介融合基础。

紧挨着应用层的技术主要由三部分构成，即多媒体流传输技术、媒体编解码技术和Web技术。其中多媒体流传输技术包括IETF建议的RTP/RTCP和SIP等网络多媒体传输及控制技术，实现了网络多媒体的实时传输，流媒体的点播、广播；媒体编解码技术包括ITU-T建议的H.26X系列技术和MPEG建议的MPEG-X系列技术，通过这些多媒体内容的编解码协议，可以把传统媒体上的媒体内容转换成便于在网络上传输的格式；Web 技术主要包括 HTTP、HTML 等协议，目前最新发布的 HTML5，更是针对多媒体兼容和互动做了大量的改进，Web 相关技术实现了媒体内容的展现和组织，把各种媒体资源整合到用户终端中。

因此，从技术角度看，媒介融合过程就是不断追求更廉价、更直观、更高效的信息沟通方式，那么在这个方向上，领先的技术领域正在逐渐融合并取代其他的信息传输技术，即互联网对其他网络的取代。

### （二）经济视角下的媒介融合

经济视角下的媒介融合过程简言之就是一场竞争到合作的过程。这个融合过程的导火索是技术革新，真正的推动力是媒体竞争的核心目标，即用户关注时间以及其所能够带来的消费行为。由于移动互联网和终端设备的发展，普通消费者越来越多地把消遣和阅读时间放在了移动设备上。这样就倒逼传统媒体运营商不得不想办法争取观众的关注时间。对于作为传媒产业收入主要来源的广告主来说，选择哪种媒介并不在意，其目标就只是通过媒介让自己的产品服务得到更多的社会关注。这样就由新技术被普遍接受这一现实为起点，形成了媒介融合的经济动力。如图 1-4 所示：

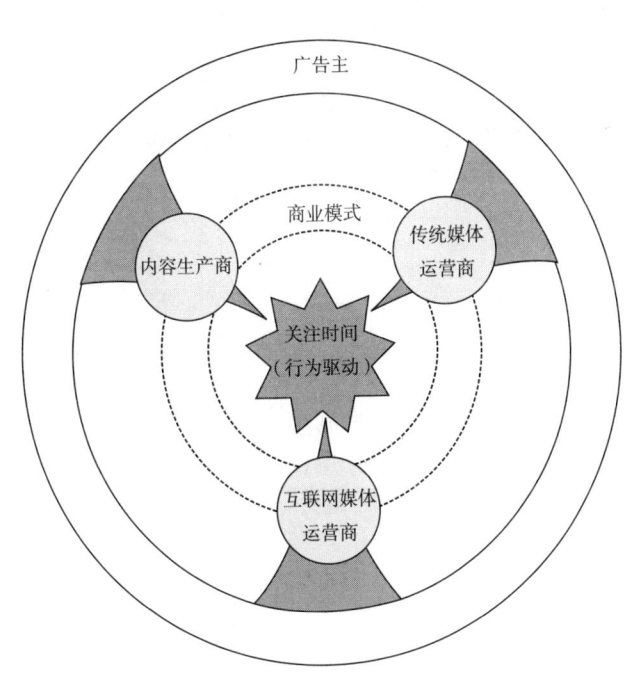

图 1-4 媒介融合的商业动力

在这种动力下，首先出现的是传统媒体和互联网媒体在业务上的融合。美国的CNN在20世纪90年代就推出了新媒体计划，英国的BBC在2001年和2006年分别设立了"数字化讲故事"（Digital Storytelling）项目和"用户原创内容中心"（UGC Hub），上述探索都为传统媒体在媒介融合时代及时获得了一席之地。国内的湖南广播电视台和中央电视台是行动比较早的传统电视媒体，建立了自己的新媒体网站，湖南卫视还开发了自己的移动应用程序实现台网联动。

新媒体企业也在积极地投资，引进电视台的电视节目在网上播出。其中搜狐视频不仅从国内电视台购买播放权，还购买国外特别是美国等的流行电视剧。我们观察到互联网媒体也并未就此止步，2014年包括搜狐视频、腾讯视频、爱奇艺、优酷都在自制节目上取得了骄人的成绩，包括《暗黑者》《奇葩说》《无心法师》等在制作品质上已经不亚于电视台，播放点击量惊人。2014年网络自制节目出现了井喷式发展，这一年也被业内称为"网络自制节目元年"。

媒介融合不仅体现在技术和内容上，还统一体现在资本的融合上。在美国2000年1月10日大型互联网公司"美国在线"和老牌传媒企业"时代华纳"宣布合并，成为传媒业与互联网在资本上融合的标志性事件。在中国2012—2013年也出现了网络视听产业的并购热，如表1-1所示：

表1-1 2012—2013年网络视频并购事件[①]

| 时间 | 并购事件 | 并购资金 | 股权比例 |
| --- | --- | --- | --- |
| 2012年3月 | 优酷土豆进行100%股权合并 | — | 优酷占17%，土豆占28.5% |
| 2012年3月 | 百视通投资风行网 | 3000万美元 | 百视通占股35% |
| 2012年11月 | 百度收购爱奇艺 | — | 百度绝对控股 |
| 2013年5月 | 百度收购PPS | 3.7亿美元 | — |
| 2013年8月 | 百视通增投风行网 | 3.07亿元 | 百视通持股由35%增至54% |
| 2013年9月 | 乐视网收购花儿影视及乐视新媒体 | 15.98亿元 | 乐视网占花儿影视股权100%，占乐视新媒体股权55% |

---

① 国家新闻出版广电总局发展研究中心. 中国广播电影电视发展报告（2014）[R]. 北京：社会科学文献出版社，2014: 225.

续表

| 时间 | 并购事件 | 并购资金 | 股权比例 |
|---|---|---|---|
| 2013年10月 | 苏宁联手弘毅战略投资聚力传媒 | 4.2亿美元 | 苏宁占股44%，弘毅占股30% |

在这些并购中，社会资本不断地融入网络视听行业，特别是如苏宁这样的其他行业资本。传统媒体也可以通过控股的形式参与到网络媒体运营中，建设自己的战略布局。

资本和业务的融合共同导致了整个产业中经济实体之间的合作关系的改变。传媒业与其他商业已经不仅是运营商和广告主之间的简单关系，新的传播方式催生着各种新的商业模式。观众已经不再仅仅是观众，而被当成了用户。2014年6月12日，"网络作家南派三叔、光线传媒老总王长田、欢瑞世纪影视传媒公司三方在上海电视节上宣布'盗墓笔记大计划'正式启动。该计划以南派三叔的小说《盗墓笔记》为依托，打造同系列的电影、电视剧、游戏以及主题乐园等产品，整个计划的开发长达十年"。这种商业模式是典型的以IP为核心的经营模式，在美国已经比较成熟，在国内算是比较大的商业计划。慈文影视传播有限公司出品的《花千骨》（2015），在湖南卫视频道首播，爱奇艺公司购买了独家网络播放权，PPS游戏也得到授权开发同名游戏。在中国以文学IP为核心的新商业模式正在逐渐显示它的威力，新的商业模式在中国大地应运而生。

在经济视角下的媒介融合是通过业务、资本、授权等方式，实现传统媒体运营商、网络媒体运营商、内容制作商之间的新型商业模式。但是，媒介融合最明显的变化是面向观众的窗口，让所有的媒体服务提供者不得不调整自己的战略，适应新的用户习惯。媒介融合对产业中的各个角色来说，既具有被迫的因素，也有主动的动因。由于资本的本性，媒介融合仍然是一场旷日持久的博弈过程。

（三）文化视角下的媒介融合

在文化视角下的媒介融合，融合的主体实际上是大众媒体和个人媒体。在文化传播中，双方通过不断的互动来实现融合。这些互动包括两个层面，一个是个人与大众媒体的互动，另一个是个人和个人之间的互动。互联网的技术飞速发展，使互联网具备了一种媒介的所有特征，因而成为一种新的媒介，它的互动性和廉价性为小成本或者个人媒体内容制造者提供了机会，个人的言语逐步融入到了整个社会的流行文化当中。

普通大众首先是以"粉丝"的形态参与到整个文化传播体系当中，也就是互动的第一个层面，个人与大众商业媒体之间的互动。大众商业媒体创造出令人惊奇的文化文本和文化符号，引起众多粉丝的追捧，例如，漫威漫画公司创造的各种超级英雄，如蜘蛛侠、绿巨人等。粉丝们沉浸于其中，并通过自己的方式参与到关于这些文化符号的叙事当中，"粉丝"主动参与文化叙事的过程，其内容构建的主体绝大部分是个人，"粉丝"们的言说就演变成了真正的"舆论"，从而粉丝的"舆论"就具备了真正舆论的力量，这样由"粉丝"构成的评论内容成为影响文化消费行为的主要力量，无形中成为了流行的导向。所以在流行文化中，粉丝的话语权越来越大，甚至形成某种具有颠覆性的文化力量。我们可以看到，美国热门节目《美国偶像》就利用了这种互动，即商业媒体开始主动邀请粉丝参与到节目中来，而为了激发观众的互动热情，节目编导还要专门精心设计能够引起话题的情节。再如江苏卫视的《非诚勿扰》，更是针对热门话题下手，选取典型，进行故事渲染，成为超高收视率的电视相亲节目。在这个过程中，个人的见解和商业媒体创造的流行文本，共同构成了一个新的文化融合产物，通过互动个人和大众商业媒体形成了文化上的融合。

融合的另一个层面就是个人与个人之间的互动。在文化视角下的"互动"所关注的是个人所制造的话语和文本。例如"神转折""也是醉了""duang"等，都是更能抒发现代人内心感受的词语，这些乱用或者是解构背后是文化的颠覆与网络文化的自觉。从语言统计学的角度看，这些新的词语作为流行文化被用多了以后，就会成为整个语言体系的一部分，成为文化的一部分，因为未来人写小说都会用到这些词语。

### 三、媒介融合的真正图景

#### （一）文本的生产、传播、接受的一体化

互联网的发展，为大众提供了一个新的媒介平台，这个新的媒介具有去中心化的特性，个人是互联网传播的主体，特别是微博、微信等社交媒体盛行以后，个人浏览最多的信息媒体就是社交网络，这里不仅提供社会热点新闻，同时还提供由个人发布的内容，这些内容来自世界各个角落，

无所不包，这是叙事形式单一的主流媒体所难以提供的。

在这种情况下，内容的生产环节、传播环节、接受环节都有创作者以外的个人直接参与，传统媒体时代的"把关人"角色逐渐淡化，个人也可以生产文本。即便是大众媒体创造的文本，只要出现在融合媒介上，就会被参与互动的个人附加上其他文化符号意义构成新的文本。艺术文本的生产者、传播者、接受者可以是同一个人，而这里的"人"，可以是物理上的一个人，也可以是一个粉丝群体。并且在新的商业模式诞生后，在利益驱使下，媒体机构也会积极推进个体的互动参与。这就形成了媒介融合情况下特有的图景，即文本的生产、传播、接受（鉴赏、消费、评论）的渐趋一体化。

**（二）文本生产、传播、接受的共时化**

在媒介融合环境下的文本生产过程中，文本生产者为了保证效益，会积极地从观众的互动反馈中汲取信息。BBC就有专门的团队研究网页和社交媒体中的信息，以确定观众的喜好，并以最快的速度安排节目以适应观众的需求。另一个典型的案例就是《纸牌屋》，美国的Netflix公司针对观众喜好的共同特点组建了拍摄的班底，包括主角凯文·史派西（Kevin Spacey）和导演大卫·芬奇（David Fincher）的选择都是大数据运用的结果。

传播过程中的"弹幕"已经开始受到越来越多的网络媒体的重视，目前的主流媒体都在视频窗口下提供了"弹幕"输入的界面，这种实时获取观众反馈的技术手段可以非常直接地表达受众的情感，从用户的角度指出文本的优缺点，即时发表观看感想。最近几年，就连中央电视台的春节联欢晚会都邀请用户采用社交平台和电视台做实时互动，观众对节目的评价也实时地反映出来。同时如果用户喜欢这个节目，也可以把视频播放的网络地址直接用社交平台分享给朋友。

在消费环境中，目前所有的主流视频网站都推出了付费节目，付费方式可以是预储值，也可以在观看前支付。而这个支付过程是通过互联网瞬间完成，用户基本不需要等候。还有超链接的方式，如腾讯视频已经开始在视频中嵌入可以点击的锚点。锚点的作用就是购物入口，举例来说，如果在观看韩剧《来自星星的你》时，看到人物身上的衣服很喜欢，在正在播出的视频上点击这个人物，就能直接链接到相应的购物网站上，点击几个按钮就可以购买到这件衣服。

### (三)媒介融合时代的传播模型:"场"模型

关于传播模型的研究从最早的"魔弹论",到霍夫兰(Carl Hovland)的"说服论模型"、香农(Claude Elwood Shannon)的"信息论模型",再到约瑟夫·R.多米尼克(Joseph R. Dominick)的"大众传播模式"以及互联网时代罗杰斯(Carl Ransom Rogers)和金凯德(Kincaid)的"辐射模型"。一般来说,有新的媒介技术出现,就会有学者提出新的传播模型。而传播模型的作用更多的是解释和归纳传播过程中的信息流动的规律和人的行为规律,而媒介融合时代的传播模型研究将有助于进一步深入理解媒介融合对整个传媒业及社会经济、文化层面的影响。

在媒介融合时代,个人越来越多地参与到了传播过程之中。参与数量和互联网的传播速度共同构建了游离于主流媒体之外的传播力量,这种力量并不亚于传统主流媒体的传播效率和影响力。在参与过程中,个体逐渐结成一个个的信息分享团体,而在信息分享团体的背后,通常又有多个维度的利益共同体。虽然这种多层次的参与让传播过程变得异常复杂,但中外学者还是在模型提炼方面取得了很多成果,如中国学者邵培仁提出了"整体互动模式"①,如图1-5所示:

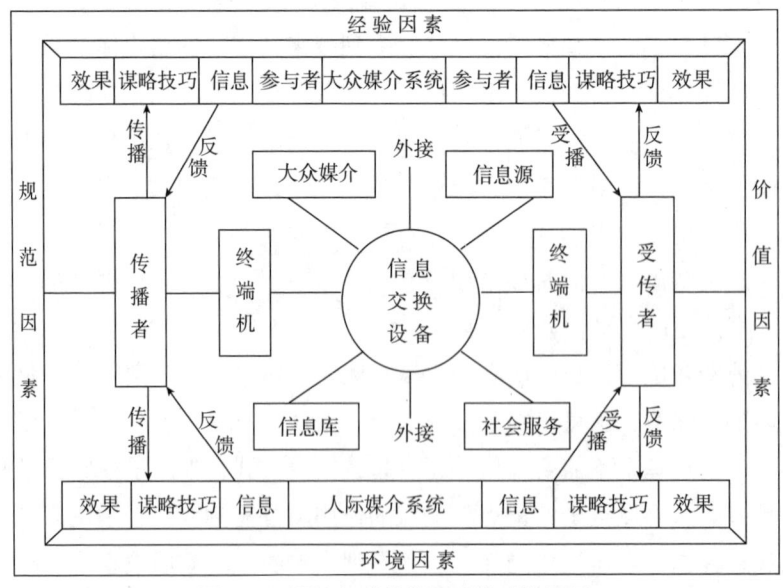

图1-5 邵培仁"整体互动模式"图示

---

① 邵培仁.传播学[M].北京:高等教育出版社,2005.

媒介融合环境下的传播过程涉及面比大众传媒时代要广得多（从这个意义上来讲，传统的"大众传播"其实应该被叫作"面向大众传播"，而媒介融合时代的到来，才真正开启了"大众传播"的时代，一个大众都主动进行传播的时代）。当涉及多个研究维度的时候，模型就变得庞大，甚至到无法应用的程度。所以为了本书的研究目标，这里提供一种只针对"个人传播行为与信息影响力关系"这一维度的传播模型，用于研究媒介融合与互动叙事。

因为是研究人的动态传播行为，这里借鉴库尔特·卢因（Kurt Lewin）的场论来建立媒介融合下的传播模型。所谓的媒介融合从媒介发展的角度来定义实际上是媒介与互联网的融合，或者说互联网进化为媒介。新的媒介和传统媒介融合的桥梁就是人在互联网上的互动传播活动。所以可以把整个融合媒介中信息的传播，看作在一个场中传播。在这个场视图中有两个角色，一个是信息源，另一个是个人传播者。信息源是指发出信息的人，也可以是发出信息的媒体机构。那么个人传播者也是一种特殊的信息源。所传播的信息可以是一则新闻，也可以是视听文本。那么包括"场"在内，这个模型只包含三个因素，说明如下：

（1）信息源

信息源的图形化模型，如图1-6（a）所示，其中的实体圆代表发出信息源的实体，外边的虚线代表这个信息源发出信息的传播范围，例如固定的网站或者微信公众号。在多种媒介上都有自己固定空间的覆盖范围会更大一些，例如某个节目，既在电视上播出，在网络也有固定的空间，这个虚线的范围就大一些。同时，这个虚线圈内部还可以在范围大小的基础上再加一个维度，表示信息源的可信度，并引入熵的概念为信息的影响力衰减过程建模，出于研究需要暂时不深入地构建这部分模型。

（2）个人

个人的图形化抽象模型，如图1-6（b）所示，其中实心圆代表个人的实体，其外的虚线代表其传达信息所及的范围。上面的黑色箭头代表个人的个性及个人喜好或者倾向于相信哪些事情。图中箭头所指的方向是可以改变的，代表个人受信息的影响、对新闻事件判断的改变或者因为追求时尚个人喜好的改变。个人在场中的运动方向总是沿着这个箭头，个人向着信息源的运动代表对信息源的信任。

（a）信息源模型　　　（b）个人模型

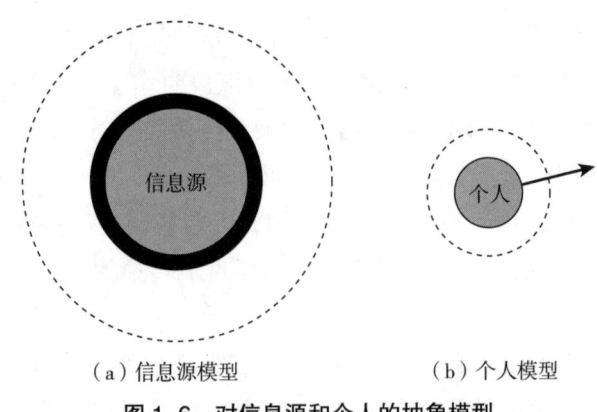

图1-6　对信息源和个人的抽象模型

（3）场

"场"是指信息源和个人所在的空间，这个场有如下的性质：

■ 所有的信息源可以占据场中任意的位置。

■ 场没有范围限制。

■ 所有的个人可以在场中自由地移动。

■ 当个人相信某个信息或者喜欢某个文本的时候就会向信息源移动靠拢。

■ 个人处于某个信息源或他人的传播范围时就会受到吸引，其引力大小由该信息源影响力和个人个性共同决定。

■ 信息波及范围和可信度与相信它的人数是正相关的关系。

信息源、个人和场的互动过程也就是媒介融合时代信息的传播过程模型。其动态过程如图1-7至图1-9所示。因为媒介融合时代的信息传播具有一体化和共时化的特性，所有的信息源和个人都处在可以自由运动的场中，如图1-7所示的状态。

当信息源发出信息后，相信这个信息或者喜欢其所传播文本的个人就会向这个信息源靠拢，如图1-8所示。

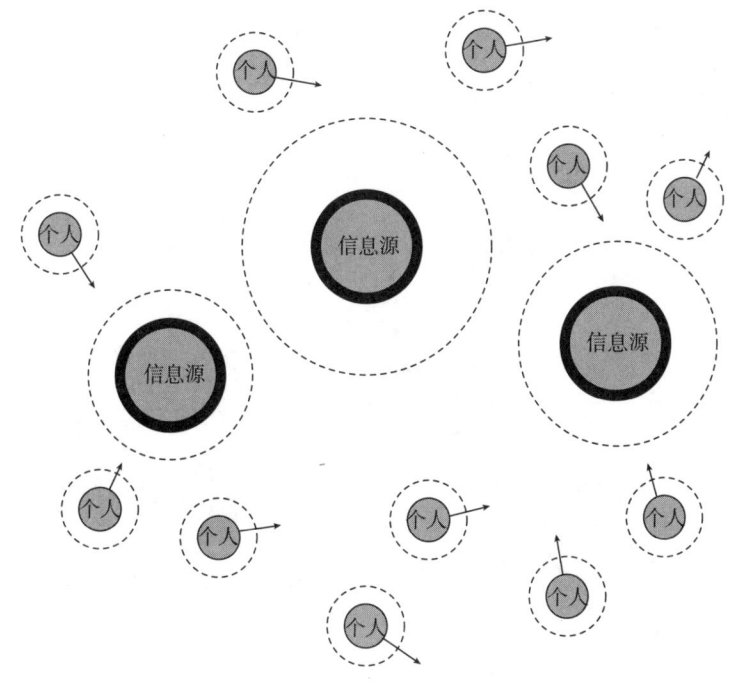

图 1-7 媒介融合状态下的信息传播模型，第一步

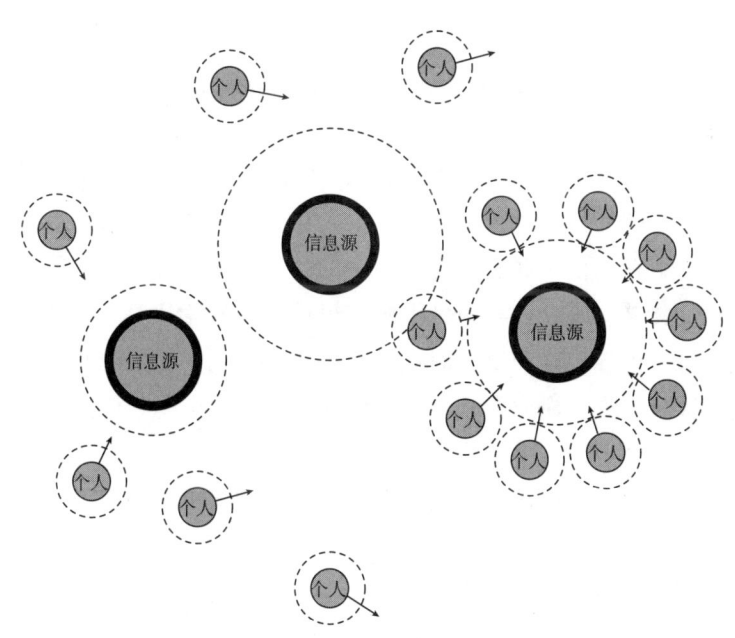

图 1-8 媒介融合状态下的信息传播模型，第二步

当这个信息源在身边聚集了一定数量的个人以后，信息源和个人的传播范围就会叠加增强，构成具有更大传播范围和传播能力的实体，如图1-9所示。

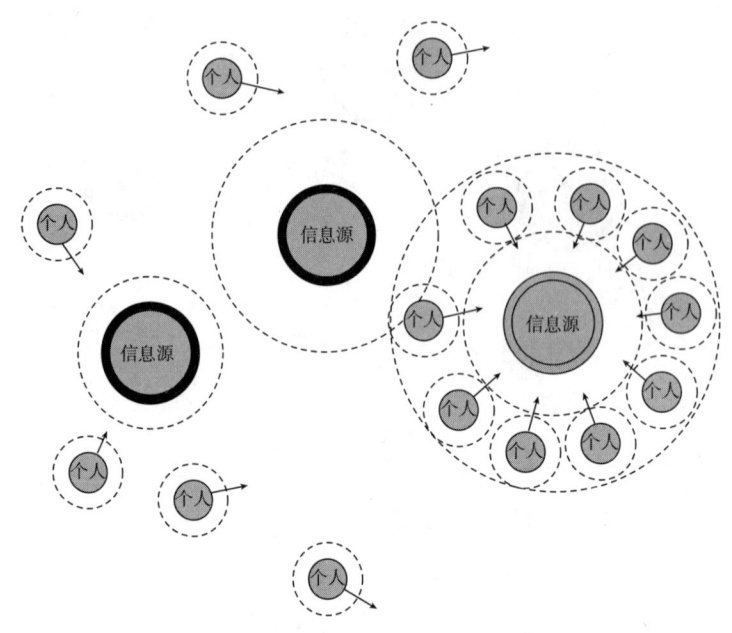

**图1-9 媒介融合状态下的信息传播模型，第三步**

媒介融合情况下，信息传播过程就是图1-7至图1-9所示动态过程的无限重复，不同的信息源此消彼长，个人在场中不断地游移。这个模型可以很方便地解释目前互联网信息传播中的各种现象，如"粉丝"现象、各种流行语的传播、媒介融合条件下媒体机构之间的竞争等。与此同时，这个模型也可以推导出媒介融合时代的叙事策略原则。即要想某个信息得到更好的传播，首先要研究大众的思想倾向，根据这个思想倾向设计叙事策略，利用互动把更多的个人聚集到自己的身边，这样自己的传播范围就会变大，从而获得更强的传播能力。以上过程合逻辑也很简单，但是，具体的分析研究过程会非常复杂，因为模型忽略了很多附属因素。展开对媒介融合传播过程的研究，还需要引入社会、心理、历史、宗教等诸多因素。本书后续只针对媒介融合语境下的叙事策略做更深入的探讨。

## 第三节 互联网时代"媒介融合"语境下的"视听文本互动叙事"

对于视听文本来说,实现互动叙事还需要一定的技术条件和商业环境支持。所以只有到了媒介融合时代,才为受众提供了成本低廉的互动技术条件。同时,在利润的驱使下,媒介融合时代的媒体也开始大规模使用互动叙事,从而赢取其产生的商业价值。这就构成了我们探讨媒介融合语境下的互动叙事的前提。

### 一、媒介融合为互动叙事的多元创新提供语境基础

首先,媒介融合为互动叙事的多元创新提供语境基础。媒介融合时代的个体力量在互联网上被加以放大,甚至具有颠覆性的价值。个体的创作、互动,都可以对流行文化构成产生重要影响,同时,流行文化构成也反过来深刻影响视听文本叙事的各个环节。

其次,媒介融合与受众习惯的改变。媒介融合时代,媒介机构之间的竞争趋于白热化,媒体平台激增并伴随着海量的视听文本资源,这使得受众对于视听文本资源更加挑剔,需要其在短时间内被扑住兴趣点,否则受众将"用脚投票"。同时,随着选择越来越多,受众在有限时间和鉴别能力的双重制约下,受到"潮流"的影响越来越深,"潮流"越来越成为左右网络视听文本叙事的一股决定性力量。

最后,在媒介融合时代,用户评论、弹幕等互动内容越来越成为文化前理解的一部分,构成视听叙事文化语境中的重要维度。

### 二、互动叙事是媒介融合下视听文本的重要存在方式

首先,以文字评论、Cosplay等形式存在的互动叙事新文本深刻影响着受众对于视听文本的理解,甚至与原文本以不同的叙事风格和角度,共同构成媒介融合下的多维呈现方式,实现了互动内容与文本的深度融合。

同时,在媒介融合实现后,从某种程度上说,文本作品不再被原作者掌控和独享,而将被包括粉丝在内的受众群体进行再创新,这让原作者在创作过程中越来越关注叙事空间留存和扩展,进而增加文本的互动性。

# 第三章 媒介融合语境下视听互动叙事的文本分化及其时代特征

随着 5G 时代的到来，视听互动叙事文本在手机移动媒体的高质传播技术障碍被彻底清除，这为媒介融合背景下的传播生态结构变革提供技术前提的同时，也改变了受众参与视听互动叙事文本的互动结构。上文研究发现，媒介融合背景下传统的电影、电视、网络授权的影视产品、网络自制视听栏目、网络自制长剧、微电影等视听互动叙事文本形态应予以重新考量，虽然这些产品在创作过程中呈现出对受众高度尊重和依赖的高类型化的制作理念、创作方法和话语策略的倾向，但受众与文本间的互动结构并没有发生本质的变革，受众无力即时改写"第一述本"。而草根视频、网络短剧、以传统媒体视频价值增值为需要的聚合类视听产品，以及大型视听互动网络游戏等叙事文本则在数字技术和移动通信技术提供的媒介平台上呈现出更有活力的互动性格，这些视听互动叙事的受众能够改写"第一述本"，并为互动行为附加上改写者的个性气息。本篇对媒介融合语境下视听互动叙事的文本分化研究也聚焦于叙事构建中受众具备对"第一述本"进行质性改写的叙事类型，根据不同叙事类型的互动性格差异，从互动效度的维度将受众具备本质性改写权利的视听互动叙事文本类型进行划分，分别为弱改写视听互动叙事文本与强改写视听互动叙事文本两大类，并分别对其述行运作中的话语策略进行详细分析。

## 第一节　媒介融合语境下本质性改写类视听互动叙事文本话语特征

### 一、艺术传播视域下的视听互动叙事文本话语价值的美学重构

正如电影评论家苏牧所说的那样，"有的电影是拍给一百个人看一遍的，有些电影是拍给一个人看一百遍的"，传统的经典视听叙事文本中追寻的超越时代的永恒价值，赋予了艺术传播区别于其他类型传播内容的独特的传播结构。媒介融合背景下具有本质性改写特征的视听互动叙事文本的传播周期不断缩短，本质性改写特征明显的视听互动叙事文本的叙事价值的确立，高度依赖商业语境中的传播广度和互动深度，自然，本质性改写特征明显的视听互动叙事文本的传播力成为考量视听互动叙事文本话语质量的重要维度。此外，区别于传统艺术文本的传播，媒介融合背景下本质性改写类视听互动叙事文本的传播呈现出对传播技术的高度依赖，自然其叙事价值的确立则呈现出高度的技术特征，互动性格的活力成为衡量视听互动叙事文本的叙事价值的另一重要美学指标。

叙事话语是构成叙事的重要组成部分，媒介融合背景下视听互动叙事文本的叙事话语美学价值的生成也受到技术美学的深度影响，传统经典叙事中的主控思想、叙述方位、叙述时况、叙述空间等传统视听互动叙事文本的话语质量考量指标则在技术美学的强大语境中退居其次，由叙事文本构建起的信息源在叙事所在的传播场域中所具有的吸引力和聚合力也将成为叙事价值生成的重要指标。尤其是在传播场域中高速形成强聚合力，是媒介融合背景下视听互动叙事文本的叙事话语操控的核心目标，本质性改写类视听互动叙事话语的修辞价值生成的结构必然在强聚合力的传播目标的召唤下发生重大变革。

### 二、传统视听互动叙事文本话语运行机制修辞规范的独特性及继承性

历史继承性是艺术发展的普遍规律，在艺术媒介发展的历程中，不仅呈现出艺术种类、创作方法和思想价值等的跨时代继承的特点，艺术叙事的话语运作机制也呈现出修辞规范的继承性。作为"第八艺术"的影视艺术在整合了绘画、雕塑、建筑、音乐、诗歌（文学）、舞蹈、戏剧等艺术门类的艺术语言的基础上，呈现出更加复杂多姿的"时空表述"的话语

形式。媒介融合背景下的视听互动叙事文本在话语运行机制的修辞规范是新的技术基因在传统影视艺术话语肌体之上的一次成功嫁接，它既受传统影视媒介视听表达话语血脉的充沛滋养，也呈现出基于媒介技术和新型文本特质的崭新话语基因。发展性继承是艺术发展历程中语言衍变的重要特征，而在媒介融合叙事背景中，视听互动叙事文本的类型多元的特点导致了不同叙事文本类型的话语形态存在巨大的差异。"媒介融合背景"和"视听互动叙事"对本书的研究对象的范围进行了规定，而在媒介融合背景下视听互动叙事的研究语境中，视听互动叙事文本的类型却呈现出多样的特征，不同叙事类型的文本在执行话语策略时受传播技术、传播价值和受众参与叙事的互动结构的影响和规约，展现出类型差异独特的话语倾向。

上文已讲述在草根视频、网络自制短剧、以传统媒体视频价值增值为需要的聚合类视听产品和大型视听互动网络游戏等视听互动叙事文本中，受众具有改写"第一述本"的能力，受众的审美接受行为在特定的互动逻辑的激发下被赋予书写或改写意义的"作者"气质，因此被划分为本质性改写类视听互动叙事文本类型。而此类叙事文本中的草根视频、网络自制短剧和以传统媒体视频价值增值为需要的聚合类视听产品在受众与文本原貌的互动过程中，受众的互动行为改写文本的效率和程度较之大型视听互动网络游戏存在巨大的差别，前者"第一述本"受到受众互动行为的影响，形成"第二述本"，但受众对"第一述本"的改写速度、改写效度、改写黏度、改写的空间自由度和改写的情感忠诚度较之叙事情境规定下受众对叙事无限改写的大型视听互动网络游戏叙事文本较低。据此，笔者将媒介融合背景下本质性改写类视听互动叙事文本分为弱改写类视听互动叙事文本和强改写类视听互动叙事文本。草根视频、网络自制短剧和以传统媒体视频价值增值为需要的聚合类视听产品为弱改写类视听互动叙事文本，大型视听互动网络游戏则归为强改写类视听互动叙事文本。

### 三、强带入互动模型中视听互动叙事的弱间离话语的共性策略

媒介融合背景下的视听互动叙事的强烈互动诉求和追求高效互动速度的传播特征决定了受众在参与其叙事互动的过程中具有强带入、弱间离的话语共性。传统的电影、电视剧的审美接受过程要求受众在保持特定审美

距离的基础上主动沉浸在由视听元素构筑的"情感河流"中,受众观影的情感互动结构由"受众从现实时空向叙事时空的主动沉浸—受众对剧中人物情感的共鸣—受众对叙事悬念的期待—受众审美愉悦达成—受众审美情感间离—受众从叙事时空向现实时空的高速回归"等复杂环节构成,并在40分钟以上的持续观影时间中完成,传统影视的创作者在话语操控过程中高度重视受众观影节奏的张弛舒缓,以保证受众获得更加丰满而深入的情感体验。区别于传统影视文本的情感互动结构,媒介融合背景下的视听互动叙事文本更加注重情感互动结构中的观众进入并沉浸于叙事时空的速度,叙事者多使用快节奏的叙事互动话语策略,在短时间内高效完成故事起承转合的构建和叙事情境中人物动作目标的达成,在这种情感互动结构中叙述者很少为受众提供保证情感延宕和叙事间离的时间秩序,视听语汇的配置中抒情、写意和延宕等话语策略也很少被使用,而更加注重选择和配置能提高观影节奏的视听方案。

## 第二节 媒介融合背景下弱改写类视听互动叙事文本话语特征

媒介融合背景下,本质性改写类视听互动叙事文本除呈现出对传统视听叙事话语美学目标的颠覆、对传统视听叙事话语运作机制的发展性继承和强带入互动模型中视听互动叙事的弱间离等话语共性外,由于互联网和移动通信技术在不同视听互动叙事文本构建中的技术介入方式的差异而呈现出话语面貌上的差异。新媒体草根视频、网络自制短剧和以实现传统媒体视频资源价值增值为目标的聚合类视听互动产品与媒介融合背景下大型网络视听互动游戏的最大差别在于,即时高效的自由互动实现的最大技术障碍存在于视听互动叙事制播流程的时间消耗无法满足媒介融合背景下受众互动行为中的即时诉求,弱改写类叙事文本话语操控依据呈现出高互动性与高传播力共塑的趋向,并在新媒体草根视频、网络自制短剧和以传统媒体视频价值增值为需要的聚合类视听产品等不同类型的视听互动叙事中呈现出不同的话语特征。

## 一、弱改写类视听互动叙事文本情节单元的基因共性

媒介融合背景下受众参与视听互动叙事文本的互动速度的变化，成为从第一代互联网到 5G 网络的普及过程中最大的变化。在互动速度不再成为障碍的传播环境中，草根视频、网络自制短剧和以传统媒体视频价值增值为需要的聚合类视听产品等弱改写类视听互动叙事文本，成为视听互动叙事生态中最具活力的叙事族群之一，其重要原因在于，这些文本适应当下移动信息接收终端存储空间和信息传输流量成本的阶段限制，在快节奏、微生活的现代人文环境中，叙事文本呈现出契合时代人文和技术基因的移动力强、聚合力大、感染力高、向靶力准、互动力猛的情节单元面貌。

### （一）依靠大数据技术实现更精准的受众定位

互联网时代的大数据技术为视听互动叙事文本提供了更精准的受众定位的可能，互联网技术能够敏感地捕捉受众的互动动作，并通过大数据技术分析受众互动行为中的互动偏好和受众的性别、年龄、文化、职业、社会阶层、生活习惯、消费习惯等结构特征，为视听互动叙事文本的叙事话语的策略选择提供更加准确的操控依据，也为媒介融合背景下视听互动叙事的编码策略进行小众化的细分和类型化的处置提供技术可能，媒介融合背景下的视听互动叙事文本较之传统视听互动叙事文本，呈现出在由受众结构和受众接受偏好构成的网络社区中的真正契合"细化受众"理念的高精准向靶力传播的可能。

### （二）信息高移动力与文本微体量

信息的移动力是考量互联网时代信源传播潜力的重要指标。作为传播流程中信源形态呈现的视听互动叙事文本，若要在信息传播和受众互动结构中集聚传播势能，高移动力首先成为其重要品质。"微力量"盛行的高速现代信息时代中，人们的生活节奏较之农耕时代和工业时代加速趋势明显，人在其所处的生活环境和传播环境中对信息捕获的速度和广度的渴望日趋增强的同时，传播环境中巨大的信息体量与人在单位时间内能够接受和处理信息的体量之间的巨大鸿沟，给受众提出了单位时间内处理的大信息体量的要求，也给叙事文本的作者提出信息消化效率主导（受众单位时间体量内的高解码质量）的编码原则，加之手机移动通信技术的存储空间和网络流量的传输速度的阶段性成本限制，视听叙事文本的情节单元的

体量越小，传播和被解码的周期越短，越能提升视听互动叙事文本的移动力。在此文化和技术规约下，媒介融合背景下的视听互动叙事文本呈现出视频解码所需的时间体量和互动所需的物理数据体量小的特点，视听互动叙事文本的"微体量"特征为文本的传播移动力提供了便捷，也为"微思想调侃生活，微力量改变世界"的传播效能的达成提供了可能。例如，《屌丝男士》《极品女士》以及《万万没想到》等网剧都是由一个个细碎的"梗"串联起来的网络短剧，呈现出明显的信息高移动力和文本微体量特征。

此外，在 2015 年春节之际，百事公司依照惯例推出了自己的品牌贺岁微电影。然而，这一次百事公司摒弃了以往官方制作、群星荟萃的"网络大片"路线，而是将镜头交给了广大消费者，号召大家拿起手机、以自己的方式诠释家的味道。最终，影片导演以消费者共同拍摄的家庭团圆片段为素材，剪辑而成了这部"众创微电影"——《把爱带回家》。《把爱带回家》传播主体的"信息高移动力"与文本"微体量"带来叙事结构的碎片化和观点的去中心化，凸显出多元创作主体和传播主体的个性。

### （三）媒介传播高聚合力与多维度的语义整合

高聚合力是媒介融合背景下视听互动叙事文本情节单元所必需的另一基因，如前文所述，由信息源、互动主体和信息互动场所构成的媒介融合时代信息的传播模型中，信息源具备大众共同沟通价值的亲和力越高，激发受众互动欲望的吸附力就越强，靠拢信息的互动主体也越多，以信息源呈现的视听互动叙事文本所形成的传播聚合力就大，叠加积蓄的受众主体及其互动动作所形成的传播实体便越庞大，传播力和叙事覆盖范围就越大，在此逻辑下媒介融合背景下的视听互动叙事情节单元的聚合力当成为叙事操控与话语选择的重要依据。此外，媒介融合背景下视听互动叙事文本所处的传播场域，并非由单向度的传播逻辑构成，传播场域的多语义立体结构特征，要求叙事文本具有对单一语境的低依赖特质，视听互动叙事文本呈现的微体量的完整叙事结构加之作为影像叙事的结构终端的形象具有暧昧模糊的语义特性，为多维度的语义整合提供较大可能性。在此背景下，由视听互动叙事文本构成的完整信息源在语义建构的过程中，呈现出对叙事语境的低情境依赖特质、情节单元在纵向时间链条中长度持续诉求降低和人物的标识性和性格化的诉求相伴提升的话语特点。

例如，美国的哥伦比亚广播公司（CBS）的《幸存者》节目，起于电视媒体，后来在互联网上形成粉丝互动社区，在后来互联网不断发展的过程中，互联网上的互动得到了节目制作者越来越多的重视，电视频道、互联网视频和互联网观众发表的评论、预测，甚至同人小说，共同构成了整个电视节目的叙事过程。另外，腾讯视频出品的综艺节目《我们15个》，从节目诞生就具有跨媒介的特性，利用互联网的社交媒体、视频点播和电视媒体，共同构成了其叙事过程。

### （四）文本编辑的强感染力与情节单元的宽广情感吸附力

任何传播行为都是以受众的情感参与为前提，受众参与视听互动叙事的互动情感的主体忠诚度越高，在受众与文本间建立起的互动情感的浓度越高，文本激发起的受众的情感波澜越激荡，越有利于视听互动叙事传播效果的达成，所以更加精确的受众细分有利于视听互动叙事的书写者更加准确地了解受众的情感诉求类型，并根据受众的情感诉求实现"中弹即倒"的传播效果。因此在视听互动叙事文本的编码过程中，具有强感染力的情感编码策略也成为媒介融合背景下视听互动叙事文本情节单元构建的典型特征。此外，在大众传播的叙事语境中，传播广度的诉求需要情节单元具有宽广的情感吸附力，情感吸附力越强越有利于传播场域中的众多个体的兴趣指向朝由叙事情节单元构成的信息源靠拢，所以越具有话题性的高情感亲和力的情节单元和对传统价值解构力越强的后现代话语策略，越有利于促进互动叙事的话语价值生成。

例如，优酷网推出的《晓说》《罗辑思维》等节目，这些文本内容都是由于网友的互动才得以融入流行文化当中。文化的参与感具有无比强大的吸引力，是互联网让这种个人的愿望成为可能。2015年土豆网开辟了广场舞专区，专门供中老年人上传广场舞，就连对互联网普遍不熟悉的老年人也融入了自己的文化构建中。网络剧《名侦探狄仁杰》通过网络剧官方账号发起主题曲《长得帅就死得快》舞蹈大赛，参赛观众只需要录制自己参赛的舞蹈视频并依据参赛要求上传，入选的参赛者便有可能出现在网络剧片尾曲《长得帅就死得快》当中，以制作者的角色参与互动，在《名侦探狄仁杰》的受众中产生了较大反响和吸引作用。

## 二、网络自制短剧的话语特征

区别于草根视频非专业化的话语表现，网络自制短剧则是由专业的视听制作团队开发并呈现出视听语法严谨的话语表现。区别于草根视频、以传统媒体视频价值增值为需要的聚合类视听产品和大型视听互动网络游戏，网络自制短剧的互动效度较低，创作周期较短，受众的互动行为更容易介入到创作资本的流向控制、叙事题材的选择和话语方式的操控中。再者网络自制短剧除了创作周期短外，闭合性情节单元的系列创作是网络自制短剧在情节结构方面的另一特点，这一特点为其呈现互动结构的质性改写特征提供了保障。网络自制短剧的制作和传播流程，更容易受到社会热门话题和时尚文化元素等社会文化语境的影响，而呈现出时尚性和现代性的话语气质。此外网络短剧的播出虽然不再受院线排片和总编室编播的影响，在其上线发行的"议程设置"流程中，相较于传统影视作品制播平台拥有更加自由的播控渠道，但其投资回报诉求却要求网络自制短剧有高传播效益的话语品质。

《屌丝男士》等网络自制短剧迅速爆红的原因，一方面是因为网络自制短剧多以系列单元剧的形态出现，在其播出和制作的过程中便能够对受众的互动表现进行数据化的呈现。进入媒介融合时代，随着移动播放设备的迅速普及，通过互联网和移动手机客户端观看节目逐渐成为了主流。广电总局发布的《中国视听新媒体发展报告》显示，电视机的开机率正逐年下降，电脑、移动终端的使用率正逐年提升。媒介形态的变化、传播方式的更迭，不仅撼动了传播媒介本身，同样对传播内容产生了深刻影响。电视机不再雄踞传播霸主地位，智能移动通信设备的普及，增加了用户的选择方式，互联网的发展更改变了受众的观看习惯。如今，习惯点播视频的受众很难围坐在电视机前，耐心地守候每天固定时段播放的电视剧。以往电视台线性的节目编排方式受到了互联网的强大冲击。收视方式的不同直接决定了数据统计方式的变化。互联网的大数据分析技术取代了电视台的收视率样本分析，全新的技术让创作者更加了解用户需求。《屌丝男士》第一季前三集的播出便创造了突破五千万的网上点击率，第一季第三集的首日线上收视击破400万，单集点击率过千万，第一季落幕时的点击率破亿。第二季上线后，《屌丝男士》的导演兼主演董成鹏在个人微博中写道：

"一觉醒来，屌丝男士 24 小时点击率定格在 1792 万，甩出之前的纪录两倍多，不过都是昨天的事情了，现在开始清零，重新出发，谢谢大家！"

网络自制短剧能够帮助创作者更加迅速地寻找到自己的受众，并准确定位与受众互动的渠道，在媒介资源相对稀缺的传统媒介格局被互联网技术打破后，网络自制短剧通过网络和手机移动媒介如鱼得水般地拓展了话语互动的媒介空间。在《屌丝男士》等网络自制短剧蹿红前，《爱情公寓》等电视系列短剧也曾在电视媒介生态中呈现出小品化的话语特征，从某种程度上讲短剧本身的微体量并不是网络媒介独有的技术特性。《屌丝男士》等网络短剧火爆的深层原因是其叙事内容及话语尺度所呈现出的勇敢的话语性格和极具试验气质的探索姿态。这些符合新媒体气质的"网感"十足的话语探索与美学试验，因为审美接受过程中受众互动亲和力的提升，而呈现出更有价值、更活跃、更有影响力和更具品牌价值的话语实践效果。全新的传播方式，使网络自制短剧拥有更为自由的传播舞台、更为便捷的传播渠道和更为庞大的受众群体。立足当下热点的取材，流行味儿十足的语言，将时尚和传统相结合，已经成为了网络自制短剧鲜明的气质，吸引越来越多的年轻人的关注，也为网络自制短剧未来的发展提供思路和方向。网络自制短剧能够精准地了解用户的兴趣点，了解他们的"尿点"，创作起来更加有针对性，而且更加贴近受众内心。从以生产率为追求变成了以用户满意为追求，互联网将用户个体的意义放大，真正做到以用户为中心进行创作，进而真正地抓住了用户。生长于互联网环境的 80 后、90 后年轻人正逐渐成为社会的中坚力量，他们基因里蕴含着独特的互联网思维，是互联网的主要使用人群。面对着巨大的竞争压力和快节奏的生活方式，他们急需符合自身价值观的影片，对自己的生活方式进行重新诠释。基于此，适合他们的话语形态也正悄然形成，并在网络自制短剧创作中生根发芽。换句话说，网络自制短剧的点击量不再掌握在手握遥控器的中老年观众手中，网络用户更为低龄，话语方式更加前卫，他们对网络自制短剧的互动诉求不同于传统电视观众，网络自制短剧的话语形态也将随着观影主体的改变而变化。

对《屌丝男士》《万万没想到》等网络自制短剧的话语特征进行梳理，高概念、高节奏、类型化、时尚化是其外在的话语气质，而从话语理论的深层理据对其扫描，网络自制短剧则呈现出结构上理想单场戏的情节面貌、动作处置上去欲望化的话语气质，人物塑形上外在造型与内在性格的强标识特征以及人物职业、身份、潜史等人物塑形策略的非统一性等话语特征。以《屌丝男士》为例，无论是空间选择、光线处置、服装道具，还是色彩影调、音乐音响等处置都高度契合都市青年受众的心理诉求，在话语气质上呈现出高概念、高节奏、类型化、时尚化的"网感"特征。由于《屌丝男士》在情节结构上的系列短剧的特征，每一季中每一集的情节都具有起承转合的完整结构。此外，系列剧中的集与集之间，叙事不追求情节的可追溯性，弱化集与集间的情节关联，人物的塑形策略摒弃传统的人物欲望所构建的主动作线对人物动作的规范，更有甚者剧中同一角色在不同集的叙事中的职业、身份和人物关系等都不统一，这一集是饭店服务员，下一集便可能是按摩房的足疗师，这一集是情侣关系，下一集便可能演绎医患关系。情节建置高度依赖标识性特别强的人物的内在性格和外在造型，高度统一的话语风格上的喜剧特征和戏谑气质也成为贯穿不同系列叙事的内在结构逻辑。同时，网络自制短剧的话语逻辑的网感气质还表现在网络自制短剧台词撰写上的"不讲理"，前后并无关联的内容，让编导利用台词强串在一起，这在传统电视剧创作中是罕见的，当然这也是跟网络自制短剧独特的传播渠道、播出环境和网络自制短剧受众群体的低龄化分不开的。对于"不讲理"的编排，80后、90后的观众并不会产生疏离感，禀赋后现代气质的年轻人，熟稔这样的编排，因为很多台词就源于年轻人之间的日常对话。"不讲理"的编排不仅不会让他们有陌生感，相反还会令他们倍感亲切。例如网络自制短剧《万万没想到》，故事进行过半，主人公王大锤突然说道："本集由蒙古海军赞助播出。我们的征途是星辰大海，只要足够帅就行。这么说来我也不需要做什么嘛，看我如何用这俊朗的五官、忧郁的气质轻易征服她。"不仅如此，网络自制短剧利用自己得天独厚的优势，选用大量简洁、实用、易懂的网络流行语言、经典电影对白、热点新闻事件为素材，进而增强故事的时尚气质，甚至不惜造词、创句，进而提升语言本身的张力，同时制造话语势能，使语言朗朗上口、独树一帜且更易于传播。网络自制短剧语言的魅力正在于创新、大胆、不拘泥和突破常规。言语本身就是一种流动变化的元素，不同时代的言语包含特定时代的气息，而这种禀赋时代传承的话语方式，本身就是最具活力和生命力的话语元素。网络自制短剧成为了极具时代话语特征的言语的传播载体,反过来这些话语也进一步促进了网络自制短剧自身的活力,使网络自制短剧时刻充满前瞻性和未来感。

### 三、现行新媒体草根视频的话语特征

中国网络视听节目服务协会发布的《中国互联网络发展状况统计报告》显示,截至 2020 年 12 月,短视频、综合视频、网络直播、网络音频的用户规模分别为 8.73 亿、7.04 亿、6.17 亿和 2.82 亿,日均使用时长分别为 120 分钟、97 分钟、60 分钟、59 分钟,各个细分领域实现较均衡发展。伴随媒介融合背景下视听互动叙事文本互动业态的发展,原创草根视频也成为最有活力、体量最大的视听互动叙事类型之一。互联网是一个去差异、淡化等级、相对自由的虚拟空间,网状的传播方式削弱了主流意识形态的话语中心,为草根阶层发声创造了可能。草根阶层在互联网上有了自己的话语空间和发声地,草根阶层的话语方式主流化和宏大叙事话语方式边缘化的网络语境中,权威逐渐被淡化、等级差异也逐步减弱,常常用来形容为经济、文化、社会地位相对较弱的处于主流文化边缘的"草根阶层",如今正借助互联网的力量逐渐强大起来。

互联网给了普通民众文化表达的平台和空间,通过互联网,"草根"得以在网络上"绚烂"。贴吧、微博、微信等新媒体交流平台给了网民充沛表达的话语权。在媒介融合背景下,草根视频的魅力之一在于它使接受者和传播者位置互换,共同完成视听叙事的编创。互联网给予了用户很大的自主权,甚至可以进行自主性直播,充分发挥自媒体的势能。虚拟空间给了用户真实参与的可能,成为间接创作者后,互联网上"草根阶层"的势能得到放大,"草根阶层"发声的渠道变得畅通无阻,"草根阶层"认可的话语方式、创作形态进一步影响着视听互动叙事生态。"草根阶层"虽然形形色色,文化程度、职业、背景各异,但草根阶层骨髓里共同的基因给了"草根阶层"自嘲的勇气和力量,他们不仅颠覆权威本身,而且颠覆自身,语言犀利而具有穿透力,简单、平实、幽默、滑稽却不失冷峻,看似平凡的话语背后是生存的顽强和对命运的抗争,笑过、哭过之后留下的是坚韧与顽强。

另外,在创作、发布和互动等行为无技术门槛的数字互动时代,草根视频的话语形态除上文所述的微体量、少延宕、弱间离、减调度等话语特

征外，还呈现出视听语法的非专业化的平民趋向、追求表达性高于表现性的完整叙述、单机位主导的低情感召唤、高参与活力的审美日常化等话语面貌。虽然大多数草根视频的个人视觉日志的叙事特征明显，使其无法在大众传播结构中形成强聚合力的传播力量，但繁茂的草根视频视听互动叙事景观却构成了与当下时代气息互动最紧密、与时代主题距离最近的叙事类型之一，正如中国传媒大学周月亮教授所说，草根视频日志体特征明显的话语运行，"是为了从日子中站出来，获得存在感，我写故我在"。草根视频不仅成为个体生活历史的文献佐证，草根视频自由与宽广的表达内容也是变革中国的多样化的文化景观的最有力量的描摹。除此之外，一小部分草根视频因为其本身具备的紧扣时代脉搏的高话题性的趣味内容和奇观视角，也形成了巨大的传播聚合力被受众转发、共享和热议。从早年的萨达姆被处决的视频的全球传播、温家宝视察澳门大学时保镖护送景观让全民惊叹，到 2015 年毕福剑饭局辱毛视频、天津危化品仓库爆炸后外媒采访受阻等视频的广泛传播，再到"小咖秀"等视听互动 APP 吸引的亿万受众和大量明星的踊跃参与，我们都能够感受到媒介融合背景中草根原创视频所具有的传播能量。从叙事话语的维度对这些草根视频进行分析，我们也发现虽然草根视频体量和传播力差异巨大，但在话语策略上却呈现出重视现场性的线性时序的叙述时况、同源故事叙述的叙述方位、空间叙事意识单薄的叙述空间处置、去关系化的人物建置和原生态声音结构等一致性明显的共性特征。

### 四、以传统媒体视频价值增值为需要的聚合类视听产品的话语特征

视频价值增值是传统的电视媒体在媒介融合语境中的显性诉求，为提升媒体的品牌价值，现在大到央视及卫视频道、小到县市级电视频道，都在运行结构中建立新媒体相关部门并开发出 Web 版、IPTV 网络电视、手机移动客户端、微信公众号等新媒体运行平台，但由于传统电视台媒介受传统行政及制播机制的限制，新媒体物理平台的高效搭建完成的背后，是互联网思维的运行和制作理念的落后，大多数电视台的新媒体平台只停留在将原有视频资源原封不动地挪移到新媒体平台上播放，虽然在手机客户端、微信公众号等平台上的视频大都通过智能拆条技术实现了对原有视频内容的体量压缩，但高度创意价值的聚合依据创新能力缺失，成为传统媒

体视频资源价值增值的最大障碍。

现行的以传统媒体视频价值增值为需要的聚合类视听平台中,北京电视台的新媒体中心的各种探索具有示范价值,其新媒体平台与传统的电视制播高度融合,并努力在不同媒介间的高质量互动过程中实现传统视频价值的增值。

例如,北京电视台新媒体中心与中国传媒大学、人民大学等高校合作,共建的新媒体产学研基地以开发年轻"受众"的聚合创意资源,北京电视台播放电视《琅琊榜》期间,曾借力传媒大学学生创意资源,开发出多项以《琅琊榜》为母体的新媒体视听互动文本。

北京电视台的《我是大医生》《养生堂》《健康北京》等节目曾通过新媒体平台努力拉低受众的年龄结构,除线下社区活动和线上多渠道宣传外,以身体的器官结构、医院科室结构、职业差异、季节变化、社会话题等崭新的聚合依据为线索,重新整合《养生堂》《我是大医生》《健康北京》等几档节目多年来的视频资源,并设计亲情订阅等栏目实现相关视频资源的更好传播,在此背景下,《养生堂》《我是大医生》《健康北京》等几年前制播的节目得以重新曝光,有效实现了节目资源的传播价值增值。此外北京电视台新媒体中心还有效开掘其他综艺节目资源,在录播综艺节目的候场阶段对参与节目录制的明星嘉宾针对"养生""健康"等话题进行采访,通过新媒体平台专门设立的"星养生"等视听互动叙事专栏进行视频发布,很好地实现媒介资源的价值整合。除此之外,北京电视台新媒体中心还积极与电视栏目制作团队深入沟通和探讨,努力在电视制作过程中为后期新媒体平台的视频价值深度开掘而升级制作理念、调整制作流程、修改叙事结构,节目制作很好地实现了新旧媒体制作团队的互动和融合,有效地实现了传统电视渠道播放的视频资源的价值增值。例如,北京电视台新媒体中心曾专门将《我是大医生》中女主持人悦悦在节目录制中"调戏"男主持人成钢的剪余素材进行梳理,并剪辑出以"悦悦调戏成钢"为聚合依据的崭新内容,制作出让观众们捧腹大笑的观赏效果。

网络盛行的《恶搞:一个馒头引发的血案》《恶搞:白娘子被迫吃烧饼》等视听互动叙事文本虽然不是以传统媒体的视频价值增值为目标,但其传播效果和话语操控策略却与以传统媒体视频价值增值为需要的聚合类视听产品的创作有异曲同工之妙。

综合来看，上述文本通过重构叙事情境的基本话语改造策略创建视频聚合的依据，通过新的情境植入对原有视频的叙事意义进行解构，由于视听叙事的基本构成单位的形象元素具有多义性的特征，传统视听叙事内容在新的情境元素的质性改造下，展示出崭新的语义内容，并在话语表现中呈现出显著的后现代性、解构性、颠覆性、消费主义和技术美学等话语气质。

## 第三节　媒介融合背景下强改写类视听互动叙事文本话语特征

媒介融合背景下大型视听互动网络游戏是区别于其他视听互动叙事文本的互动活力最强的文本形态，之所以有学者将大型视听互动网络游戏称为"第九艺术"，是因为其在话语操控策略中既呈现出对绘画、雕塑、建筑、音乐、诗歌（文学）、舞蹈、戏剧、影视等艺术语言的继承，又高度依赖程序技术对原有的艺术语言加以发展。游戏本来是存在历史最为久远的叙事类型之一，但互联网与移动通信技术与其"联姻"后，对受众改写叙事能力的解放和其互动结构中生成的互动效度是其他任何一种媒体都无法达成的，基于此大型互动网络游戏站在叙事技术革命的潮头，吸引着众多电影、电视等视觉艺术探索者的关注。虚拟头盔、VR虚拟现实技术等最前沿的视觉艺术探索无不站在大型视听互动网络游戏的叙事肌体上，为关注视觉艺术发展的研究者们提供前景无限的美好想象。本节将在对媒介融合背景下的大型视听互动网络游戏中的角色扮演类、竞技射击类、动作格斗类、体育竞速类、体感互动类游戏等众多类型的叙事文本进行分析的基础上，梳理和归纳作为强改写类视听互动叙事文本的大型视听互动网络游戏的话语运行机制共性，并深入阐释其话语操控中的叙事结构、技术程式、叙述方位、叙述时况、虚拟空间等修辞策略的共性。

### 一、强改写类视听互动叙事文本的话语运行机制共性

众所周知，影像叙事的数字化不仅仅是一种技术层面的革新，同时也是观念上的革命，数字技术的诞生和快速发展所带来的虚拟现实中的视听奇观对巴赞的纪实美学、克拉考尔的"电影是物质现实的复原和电影是

现实的渐近线"等经典视听叙事美学理论产生了颠覆性的影响,即使是爱森斯坦的"蒙太奇"理论和麦茨的影像符号学理论也无法回答诸如大型视听互动网络游戏等由计算机三维空间构建和仿真技术主导的虚拟现实视听叙事中的问题,尤其是在跃跃欲试的VR虚拟现实和AR增强现实等数字技术的美学实践中,传统的视听语言话语规则彻底被打破,传统影像叙事文本的话语运作流程中的摄影、录音、剪辑、导演、表演等视听要素的介入影响修辞机制的方式也彻底被颠覆。在传统视听叙事话语理论失语的虚拟现实视听叙事语境中,传统的情感互动和技术生产力理论模型却为大型视听互动网络游戏等叙事文本的话语运作机制的理论建构提供了崭新而有力的分析和阐释空间。从情感互动类型差异和技术驱动模式的变化两个维度,媒介融合背景下大型视听互动网络游戏叙事区别于其他类型的视听互动叙事文本,在话语运行机制中呈现出话语规范的颠覆性、情感结构的主体性、叙事情境的主导性和动作结构的程序性特征。

**(一)话语规范的颠覆性**

经典视听叙事话语理论研究者们不断在巴赞的纪实美学和爱森斯坦的蒙太奇电影美学两个向度上发展和建构视听互动叙事话语理论,然而面对数字技术主导的电影特效叙事和大型视听互动网络游戏叙事的蓬勃发展,尤其是VR虚拟现实技术和AR增强现实技术在电影、电视和网络游戏等叙事文本中的美学实践的成功,经典视听互动叙事话语理论范式的失效已经成为不争的事实。《地心引力》《少年派的奇幻漂流》等特效电影中的视听奇观绝不再是克拉考尔"完整现实的幻象",尤其是大型视听互动网络游戏叙事里虚拟现实时空中的叙事建构绝不依赖"长镜头"和"蒙太奇"的话语结构规律实现文本与受众间的互动,传统影像叙事中的视听表达的语法规律在强改写类视听互动叙事文本中的特定情感互动模型中变得不再奏效,延宕和压缩等时间结构法则全然失效、创造性地理等空间构建法则全然失效、写实和写意等声画配置法则全然失效……除此之外,媒介融合背景下大型视听互动网络游戏叙事的文本构建流程相较于其他文本类型也发生了翻天覆地的变化,叙事的剧作者创作的核心任务是搭建结实的游戏平台:构建游戏的规则和提供规定的程式情境和程式动作……叙事的导演不再拥有协调和配置视听要素并为叙事的艺术质量的成败负责的核心功能,演员被虚拟形象取代的同时不再需要组织动作和呈现内心情感,剪辑被程序书写完全取代，服装、道具、美术则完全交由美工一个职位负责。

**（二）情感结构的主体性**

大型视听互动网络游戏叙事的审美接受主体的情感参与和互动结构不再依赖共情的心理机制，审美客体与叙事情境中的角色进行心理绑定后，将自己的心理向角色进行高主体性的投射，并通过主动沉浸的心理结构保持与叙事情境高度贴近的审美距离，角色绑定—主体投射—现实遮蔽—高度沉浸等成为大型视听互动网络游戏叙事的重要情感互动机制。叙事的参与者根据游戏提供的人物关系进行角色选择和身份确认，在参与游戏的过程中，受众根据自己选择的游戏角色，对自我外在形态进行投射并对内在心理结构进行重构，超越共情和传统影像叙事的沉浸式的审美距离，在游戏情境的主动沉浸过程中实现对现实世界和现实情感的选择性逃避，并通过完型真实、情感真实、想象真实等心理互动方式，实现虚拟现实中的伦理价值、道德价值和攻击榜样的自我建构，并在程序式的互动动作中实现角色与自我身份的同构。

此外，传播学者麦克卢汉阐述的"媒介即讯息""媒介即人的延伸"等传播学理论、文化研究者波德里亚阐述的"消费主义语境下文化工业对人主体性的再造"的消费文化文论，以及法兰克福学派阐释的"文化工业对于人的影响"的大众文化文论理论，还有尼尔·波兹曼（Neil Postman）"媒介即隐喻"的理论表达，都详细论证了媒介本身与人的关系，证明了"某个文化中交流的媒介对于这个文化精神重心和物质重心的形成有着决定性的影响"[①]，媒介融合背景下大型视听互动网络游戏中的受众对叙事文本具有深度"书写"和"改写"的能力，是大型视听互动网络游戏被笔者归类为强改写类视听互动叙事文本的基本依据，受众在大型视听互动网络游戏中的继发性深度修辞行为的修辞实质发生的质变，是受众互动行为真正改写"第一述本"的前提，这种质变能够让游戏的参与者获得其他叙事文本互动行为不曾获得的主体特征显著的荣耀感、自我价值实现感和群体归属感等心理满足。

**（三）叙事情境的主导性**

大型视听互动网络游戏叙事区别于其他叙事文本最典型的话语组织特

---

① [美]尼尔·波兹曼.娱乐至死[M].章艳,译.北京：中信出版社，2015.

征之一,是叙事由高度依赖技术程式中规定的情境的主导。游戏的参与者的场景互动能力是大型视听互动网络游戏的审美接受过程区别于其他叙事文本的典型特征。大型视听互动网络游戏的"编剧"最核心的剧作任务是为玩家提供考量互动能力和互动智力的由游戏机制、场景空间和动作选择路径构成的程式化叙事情境,游戏叙事的程序设计者重视由叙事情境构建的叙事结构链条,而不着力塑造角色在情境考量中的性格面向的复杂度。在整个叙事的构建过程中弱化情节单元的因果联系和人物塑造的性格弧光,高度重视角色在互动结构中与场景和环境的互动力,并着力关注萨特存在主义哲学基础上阐释的所谓叙事情境中个人选择差异所导致的任务是否达成而非性格是否得以形成,除此之外大型视听互动网络游戏叙事中人物关系也多为围绕人物目标形成的固定协作关系,而非传统视听叙事中呈现的由复杂伦理维度和道德维度构建起的变化结构。在此基础上叙事的最终面貌以及叙事质量的高低不是由人物和情节主导,而是由程序化的游戏机制和受众互动能力共同构建的叙事情境驱动。

**(四)动作结构的程序性**

动作是影像叙事的终端,动作的类型面貌和结构质量对叙事肌体的形态具有决定性的影响,在内容生产力和技术生产力主导的视听话语价值的动力生成体系中,大型视听互动网络游戏叙事的动作结构呈现出典型的程序性特征。大型视听互动网络游戏叙事给予受众参与文本建构的高度自由的同时,低情感和弱体感的程序缺陷让叙事情境中"动作和反动作"的抗衡呈现出情感类型和体感互动的动作面貌的单一和僵化。大型视听互动网络游戏叙事中动作实施的前提是参与叙事互动的主体必须严格按照游戏程序提出的互动规范参与叙事并改写叙事面貌。除此之外,叙事的参与者参与游戏过程中的身心反应也受程序设计的限制并不能达到游戏叙事互动主体与游戏角色身心的彻底一致,叙事的参与者沉浸游戏叙事情境并呈现动作反应的非完整性身心体验,需要互动情感建构中完整心理结构的介入加以补足。以竞速狂飙游戏《神庙逃亡》为例,游戏角色的动作形态只有跑、跳、滑行和拐弯四个类型,游戏的参与者只能按照程序的设计通过手机的左右摇摆和游戏参与者手指对屏幕的上下滑动控制角色的运动方向、运动速度、运动轨迹、跳跃状况和滑行姿态,游戏程序将角色的动作形态与游戏叙事的参与者手指对屏幕的上划、下划和左右划动以及叙事的参与者左右摇晃手机加以绑定，实现游戏叙事的参与者对游戏角色的动作控制。此外，大型视听互动网络游戏的动作结构的程序性不像传统视听叙事的动作面貌在动作的层次、动作的转折、动作的潜台词、动作力度的升级等维度的美学追求，而是以游戏任务达成为目标的单一和僵化的程式动作呈现，对大型视听互动网络游戏的叙事话语面貌有着决定性的影响。

### 二、强改写类视听互动叙事文本向影视作品的渗透

媒介融合背景下的大型视听互动网络游戏所形成的高传播力和高互动力的叙事价值在媒介间性越来越弱的媒介生态体系中，呈现出话语运作的审美效能向传统视听互动叙事渗透的趋势。大型视听互动网络游戏叙事中由叙事情境主导的非完整叙事结构，以及由玩家的即时互动行为产生的"作者"意义的"续写"所完成的不确定性的叙事结构，给予了传统电视节目中的真人秀节目以很多创作启发。

中央电视台的综艺节目《谢天谢地你来了》在录制过程中，只给演员提供简单的叙事情境和固定角色造型形态，演员嘉宾进入叙事情境前对剧情和自己扮演的角色未来将会遇到的压力和困境全然不知，这就要求演员有高度的信念感支撑整个叙事的真实性，另外要求演员根据戏剧情境做出高质量的既有戏剧性又有即兴特征的动作反应，从某种程度上参演嘉宾接受情境激发后的互动行为对叙事文本的"书写"并最终赋予文本完整的叙事肌体，演员对情境的未知和有明星光环效应的助演嘉宾在特定情境压力下的即时反应，赋予了节目浓厚的游戏性和趣味感。

除此之外，诸如湖南卫视《爸爸去哪儿》《一年级·大学季》《偶像来了》《花儿与少年》等真人秀节目的火爆，也呈现出由叙事情境主导的游戏叙事编剧策略在电视节目制作中的运用所带来的游戏性和趣味性给受众互动选择带来的巨大影响。这些真人秀节目最核心的叙事任务是提供叙事情境和角色关系分类，并根据参与真人秀节目的嘉宾在叙事中的完成度调整情境压力的力度，这种剧作方式与游戏叙事中的游戏策划者的任务高度重合。真人秀节目的收视火爆同时也给予游戏叙事的话语运作机制一些启迪，当三维建模和游戏引擎技术获得高度的发展，游戏叙事完全可以对玩家执行任务的互动行为予以更多视点和更丰富的焦距调度的画面进行即时呈现和全息记录。在人工智能程度更高的程序化处置中，游戏结束后将游

戏过程中记录的即时互动行为的视频重新进行剪辑和处理，以帮助游戏参与者更加充沛地体验到荣耀感、悲壮感、骄傲感等情感类型。就像体育赛事转播时，编导对即时呈现的百米竞赛进行全景直播后，对多通道获得的多角度、多景别的画面进行升格的时间延宕和多角度的剪辑处置后所形成的更具感染力的话语效果一般。

此外，媒介融合背景下视听互动叙事的话语运作呈现出对数字技术的高度依赖，而大型视听互动网络游戏等首先成为VR虚拟现实技术与AR增强现实技术等的试验田。当数字技术在游戏叙事中呈现出高质量的美学实践效果后，必将向其他形态的媒介实践领域延宕，大型视听互动网络游戏叙事中的虚拟现实技术已经向电视媒体渗透，据悉台湾综艺节目《康熙来了》的最后一期节目便运用VR虚拟现实技术进行录制，制作单位与数字王国合作，由数字王国特效团队以360度摄影机录制VR版本，让观众可零距离与主持人蔡康永、小S面对面形成亲临现场参与节目观看的效果。另外，电影技术研发团队也一直高度关注在游戏叙事中形成的比较成熟的虚拟现实技术，这一技术的进一步发展并在电影话语实践中的应用必将对电影的形态再次改写，恰如中国传媒大学刘婷教授所言，"技术一定辅助改变节目形态"，影视制作的先行试验者"必须高度关注技术，现在的影视产品的开发离不开技术的突破了"。另外，鲍宗豪在《数字化与人文精神》一书中强调：数字化本身就是一个"技术人文"概念，是高技术与人文融合的产物，如果厚此薄彼，仅关注一个方面，必将忽视数字化变革的整体价值。当下的影视制作在技术生产力语境中，也出现了以"技术"为噱头的传播骗局，例如，2014年湖南卫视跨年晚会打出"首开先河推出360度全方位网络互动创意直播"的宣传噱头，但在实际的在线直播中只是比电视直播多出了嘉宾与主持候场期间的记录讯号供观众选择观看，画质粗糙、画面组织逻辑混乱，不仅不能帮助观众获得更加丰富的审美体验，反而从某种程度上给观众的审美接受带来"叙事噪声"，着实让观者失望。

在数字技术和移动通信技术对视听互动叙事产品市场潜力高效开掘的背景下，类型样貌和话语形态的日渐多样是媒介融合背景下视听互动叙事文本的话语发展的必然趋势。在媒介融合时代"IP"盛行的时代语境下，视听互动叙事文本必将在媒介融合的技术整合力和观念融合力的改造下，形成崭新的传播形态与话语特征。以《匆匆那年》为例，该题小说最早是由东方出版社出版的青春文学作品，出版后收到了较好的市场反馈；后来经过改编成为一部网络小说，在线上培养了大批的粉丝；2011年该小说又被导演张一白看中，买下了电影改编权；2014年同题网络自制长剧一经上线，便收视爆表，获得了大量网络观众，并于2014年10月13日获得年度最佳网络剧的荣誉；而在纸质小说、网络小说和网络剧所积累的良好口碑也都为2014年12月5日上映的同题电影奠定了人气基础。就网络自制长剧版本来看，其中有大量契合2014年热点话题的台词，如"德国赢了世界杯，马航失联"等，再加上其时尚化的话语面貌和青春怀旧的话语调性，无不拉近了文本与受众间的距离。

媒介融合可以成为IP孵化的竞技场，在媒介区隔越来越弱的传播生态体系中，传播要素的关系发生着结构性的质变，视听互动叙事文本的话语形态也必将在媒介间的互动中产生出深层的结构的一致性。除此之外，不能不承认的现实是随着数字技术的发展和日臻成熟，无论哪一类视听互动叙事文本的修辞品质都越来越高，草根视频的画质和"创作者"视听素养同步提升，无论是画面的物理质量还是艺术质量都大有进步，网络自制短剧从最初的《万万没想到》到《屌丝男士》的最新一季，网络游戏从最初的Bug丛生的2D游戏到现在堪比大电影的《剑灵》等3D网络游戏，叙事话语的修辞运作越来越符合文本的媒介互动特征的规范，制作质量也越来越精良。然而伴随越来越多的视听互动叙事文本的迅速火爆和热度退却之后，我们也发现，媒介融合背景下的视听互动叙事文本的传播效能实现的生命周期越来越短。在此背景下，一些学者发出了当下文艺创作处于"原创力真空"阶段的质疑之声。值得说明的是，在媒介融合背景下，视听互动叙事文本在生命周期缩短的尴尬中，其经典性有所降低似乎已成"必然"。但换一个角度来看，视听互动叙事文本的"原创力"与其生命周期的长短以及经典价值的大小其实并不存在正相关关系。在媒介融合的背景下和社会多元文化价值的建构过程中，视听互动叙事文本呈现出日益繁茂的叙事景观，而叙事文本的经典性不应成为考量视听互动叙事文本价值的唯一重要维度。我们应该看到，在媒介融合的背景下，视听互动叙事文本及其受众在宏观层面上对社会文化的影响力，以及在微观层面上对艺术话语体系的影响力都日趋显著，这两方面才应当成为衡量当前视听互动叙事文本价值的核心考量指标。

### 三、视听互动网络游戏话语特征

从 20 世纪 70 年代前后网络游戏诞生至今，网络游戏历经前网络游戏的探索阶段、MUD 多人参与历险游戏阶段和网络游戏产业化阶段。伴随网络游戏情节、类型的日趋多样和网络游戏技术的快速发展，游戏叙事的话语形态也从文字互动的二维游戏逐渐向大型三维游戏发展，尤其是数字建模与仿真技术的成熟为大型视听互动网络游戏叙事提供了广袤的发展空间，游戏叙事的文本和类型日趋多元。17173 游戏网（http://newgame.17173.com/game-list.html）中的 2937 款网络游戏中，单就角色扮演类游戏进行搜索，就有 1798 款产品，战争策略类 613 款；而 Steam 平台（https://steamdb.info/genres/）线上就有高达 7710 款的网络游戏，如果将停运游戏和因为竞争关系未在此平台上运行的游戏计算在内，网络游戏的数量当数以万计。虽然网络游戏的数量巨大，但视听互动特征明显的叙事类网络游戏的话语策略上却呈现出高度简约的呈示—对抗—成功/失败的话语结构、高度类型的虚拟视听的程式特征、全知现场与主观镜头交融的高度灵活的叙述方位调度以及即时性动作对抗与闭合性情境升级的线性时况等话语特征。

#### （一）结构：呈示—对抗—成功/失败

无论数以千计、数以万计的大型视听互动网络游戏的体量多么庞大，就现行的文本来看其叙事结构多由呈示性叙事情境的交代、对抗特征明显的任务执行阶段和任务完成的成败带来的叙事结尾段落构成。其中呈示性叙事情境的交代部分的叙事任务和传统的影像叙事文本的开端的叙事任务一样，观众和游戏的参与者需要在短时间内高效消化故事的情境、空间、时代、角色以及角色关系等呈示性信息，此外游戏的参与者还需要在呈示性的叙事情境中对游戏的互动规则和操作方式加以了解和实践。以大型 3D 视听互动网络游戏文本《剑灵》为例，游戏的呈示性叙事情境的交代部分，叙事内容相对固定，叙事的参与者不具备改写情境和游戏规则的权利，游戏叙事呈现出的话语面貌与传统的高概念大制作的特效电影的视听表现别无二致，视听制作的精良程度甚至超越普通的电影，由于游戏开端的情境交代部分的弱互动性，制作者为了加速玩家进入叙事情境的速度，一般努力追求视听品质的精良，2004 年在海内外华人电影界享有盛誉的导演陈凯歌，便在大型网络游戏《神迹》中担任艺术指导。游戏的叙事情境交代完毕，玩家开始选择角色并执行游戏任务，游戏叙事的参与者在此叙事阶段具有高度的互动自由。由于实时参与游戏的玩家众多，以大型网络游戏《传奇》为例，2002年7月，同时在线游戏参与者突破50万人，由于不同的玩家的互动能力和互动动作存在差异，每一个互动动作都能带来不同的叙事可能性，所以这一阶段的叙事在现行的互动技术的限制下，游戏技术尚不具备运用视听语汇高度艺术化的表现对抗行为和对抗效果的能力，视听语言诸要素的调度相对程式化，话语质量相对单薄。对抗性的任务完毕后，游戏叙事一般会呈现以胜败为结构的互动结果，玩家在这一阶段的叙事中的互动力比较弱，叙事内容相对固定，所以和情境交代的游戏开端一样，呈现出高质量的话语表现。

### （二）程式：视觉模式与声音模式

区别于现实生活和传统影视中的视觉信息、角色表情及动作、音响效果的丰富性，大型视听互动网络游戏的声画配置呈现出高度程式化的表现。角色在叙事情境中的动作互动不再受情感、力度、空间等元素的限制，同一拟音音响元素可以用于角色不同阶段的任务执行过程中，音响效果不再受距离感、强弱感、层次感、环境感的规约，角色在执行任务的过程中的起飞、跳跃、爬行、瞄准、射击、施法等动作的呈现也不再追求传统影像叙事中的真实表现和规定情境等动作处置逻辑的规约。此外，游戏参与者的心理互动结构区别于传统的视听叙事文本观众的心理互动结构，玩家多以完成任务为目标，并且努力将情感和心理投射在角色上，在二者动作结构高度一致的情况下对情境中的障碍或其他角色实施的反动作做出即时反应，由于网络游戏中多角色的实时互动特点，玩家在参与游戏的过程中不再追寻传统影像叙事文本中视角的丰富性带来的情感的延宕所形成的审美快感，而多追求如生活现实中遇到即时困境而做出的动作反应一样，在对反动作和障碍做出迅速的判断后，即时地做出以克服困境的动作反击，游戏的参与者的主体性心理投射加之在动作反应中形成的紧张感抑或完成动作的愉悦和骄傲感。鉴于此，程式化的话语结构对参与游戏的玩家的心理投射并无太大负性影响，反而对"第一述本"和"第二述本"时间结构的一致性提供了保障，话语形态呈现的现场感更强。

### (三)视角:准判断力与强代入感

视角是文学叙事和影像叙事叙述语气、语势的视觉化。布拉尼根曾说:"我们无法把所叙之事从表述中抽象出来,以便得到抽象的叙事。"① 原因就在于述本呈现的故事无法剥离掉作者、隐含作者、叙述者的情感态度、意识观念和认知结构,"叙事中的表现结构不可能被简化为一个语言本体,而'焦点'必须与叙述者的语法人称和进入意识一起被当作视点的一个独立成分"②。一般情况下传统影像叙事的视角控制,就是在一种无形当中将聚焦主体的情感态度、意识观念、认知结构等植入互动动作中,布斯在《小说修辞学》中根据参与故事的不同程度将叙述者分为"戏剧化的叙述者"和"非戏剧化的叙述者",叙述者在故事当中的第一人称叙事,被戏剧化的程度就会浓重,不在故事当中的第三人称的叙述行为则会冷静很多,影像叙事视角控制不同于文学叙事,摄影机背后的隐含作者,一般会根据叙事精神的需要,主动参与到故事当中,即便是跟故事中的人物以及情节没有太大关系,也能够直观地呈现出观看的热情,并努力实现隐含作者和观众视角所带来的情感的一致。传统影像叙事的话语操控进程中,叙述者在将"常态现实"转换成为"修辞化的现实"的过程中,也直观地将叙述者的情感倾向、认知态度进行隐性植入,正是这种饱含叙述者情感倾向、认知态度的聚焦操控,彰显出叙述者话语运作的强烈操纵欲望。诚如米克·巴尔(Mieke Bal)所说,影像叙事中的视角维度的话语操控"具有强烈的操纵效果","读者在形成对各类人物的看法的过程中受到了这种不平等的操控"③,正如摄影机仰拍能够表达对聚焦客体的敬仰之情,俯拍则能够表达聚焦主体对聚焦客体的鄙视,而大景别的俯拍有时候能够流露出俯瞰人世况味的宿命感一样。"当影像以一种'倾斜'或'变形'的方式将日常物象作新的呈现时,他就是'常态现实'转换成一种'修辞化的现实',而成为一种必须重新'感知'和'再解释'的'新现实'(就其视听动态直观与现实观照的切近性而言)景观。"④

---

① [美]爱·布拉尼根.视点问题[J].叶周,译.世界电影,1991(2).
② [美]华莱士·马丁.当代叙事学[M].伍晓明,译.北京:北京大学出版社,2006:182.
③ [荷]米克·巴尔.叙事学:叙事理论导论[M].谭君强,译.北京:中国社会科学出版社,2003:182.
④ 李显杰.电影修辞学:镜像与话语[M].北京:文化艺术出版社,2005:22.

大型视听互动网络游戏叙事文本中以完成任务为目标的动作对抗阶段的叙事，叙事的参与者的核心互动任务是心理结构与角色绑定的前提下，高效地在动作对抗中取得胜利。在此诉求下，大型视听互动网络游戏的话语执行依据一个是让参与游戏的玩家对角色的高情感浓度的心理投射，另一个是对情境中的障碍拥有准确的判断并做出快速的动作反应。为了让玩家有现场感极强的代入感，常规的大型视听互动网络游戏采取的话语策略是角色完成任务阶段过肩镜头与主观镜头的交替使用。过肩镜头一般会让游戏中的角色作为叙事情境中的线索人物，为玩家提供角色前方的空间样貌，这样的话语策略代入感比较强，容易让作为线索人物出现的角色形象成为玩家的"眼睛"，帮助玩家与观众的视线和视域达到高度的一致，并最终帮助玩家更好地实现向角色的心理投射。此外，为了增强角色对玩家情感的代入感，在玩家对叙事情境的全息掌握和对困境压力的注意力和紧张感的高度保持下，玩家与角色的情感结构完成结实的话语绑定后，用角色的主观镜头呈现角色观察到的视觉信息，是大型视听互动网络游戏增强玩家在虚拟空间中的沉浸感的另一话语策略。为了保证玩家参与叙事动作反击的准确度和效能感，游戏程序设计中的360度全景画面更容易让玩家清晰了解自己绑定的角色所处叙事情境的空间面貌和角色对抗的空间关系，鉴于此，全景画面成为任何游戏叙事景别比例最高的话语元素。除此之外，为了保障动作反击的准确性，尤其是射击类游戏中的动作反击的高命中度，主观镜头引导下呈现的对手的特写画面也作为保证互动动作效度的另一话语策略高频率地出现在大型视听互动网络游戏叙事中。

（四）时况：闭合性情境升级与即时性动作对抗

区别于传统影视呈现的倒叙、回叙、预叙等复杂的叙事时况，大型视听互动网络游戏叙事中情节链条的线性推进逻辑由角色技能的高低和与之匹配的不同难度系数的闭合性游戏情境单元构成。大型视听互动网络游戏叙事多伴随角色从弱到强的技能/装备的发展和游戏情境中困难/对手所形成的压力的升级的线性时间结构叙事，不同压力系数的游戏情境间的内在话语形态呈现出风格的高度统一，但情境间的情节的可追溯性却不像传统的影像叙事文本那样高度重视不同叙事进程中的情节的因果关联和人物发展的来龙去脉，而呈现出高度闭合的完整情境面貌。由于对抗阶段的游戏叙事中的"第一述本"时间与"第二述本"时间高度一致，游戏的程序设计者不轻易操控动作对抗阶段的时间秩序，以保证众多玩家在共时性的现实时间体系中即时地进行互动，并最终影响叙事发展的方向和角色的最终成败。"第一述本"与"第二述本"时间结构的高度一致也保证了玩家参与叙事的紧张感和心理投射力。传统影视中在英雄动作终结的高潮阶段经常通过控制述本的时间结构无限延宕和放大角色的动作，然而这种时间处置的话语策略对观众形成悲壮感有所帮助，对玩家参与叙事形成代入感却无大帮助，对间离观众的情感有所帮助，对帮助玩家形成现场感却无益处。

# 第二篇

# 颠覆中创新
## ——媒介融合语境下视听互动叙事变革

事实上，无论是像《一口菜饼子》这样的电视剧鼻祖，还是曾经引发万人空巷的经典电视剧《渴望》《贫嘴张大民的幸福生活》，抑或是根据经典名著改编的央视版《红楼梦》《西游记》，以及发轫于互联网的电视剧《士兵突击》《奋斗》，初露头角的网络自制剧《屌丝男士》《唐朝好男人》，乃至热播的海外电视剧《唐顿庄园》《纸牌屋》《来自星星的你》……不同时代的影视作品貌似区别很大，但实际上主要差异还是集中在创作主体理念上。尤其是优秀的影视作品，本身并不拘泥于作品的播放环境和传输介质，而是专注于故事本身的张力和戏剧表现力，关注于影视剧的创作思路和创作者的独具匠心。① 传统视听叙事文本创作理念的诞生，一直是以创作者为主体，受众大多处于被动接受的状态。如今，受众主体意识增强，主体地位上升，具有交互性、及时性、融合性、延展性和分众性等特征的新媒体技术快速发展，这些都促使视听媒体叙事的创作理念从诞生之初就打上了"互动"的烙印，这种新的互动模式为视听互动叙事文本的创造提供了更加广阔的发展空间。如何在媒介融合的语境下讲好故事，关键在于传受双方如何构建好的视听互动叙事文本。

---

① 冯宗泽.网络剧的创作方式与传播机制研究［D］.北京：中国传媒大学，2015.

# 第一章　传统视听叙事的倾向与特征

电影、电视剧被视为叙事的艺术，叙事是传统语境下影视艺术的核心概念。影视叙事结构是影视作品中时空、视听等元素的排列组合方式在长期的艺术实践和理论摸索之后形成的范式。叙事作为一种审美意识形态的体现，受到历史时期、国别种族、政治、经济、文化、社会等多重因素的综合影响，与广大人民群众的历史经验、道德伦理、文化传统、生活方式、思维定式、审美偏好等因素息息相关，深刻影响着影视作品的创作、传播与鉴赏。在一百多年的发展历程中，影视叙事结构不断发展创新，逐渐形成了不同的稳固框架和既定模式，进而诠释出世界影视艺术之林的千姿百态、色彩斑斓。可以说，叙事结构是一种既源于传统又扎根当代、既始终如一又变动不居、既交汇融通又标新立异、既富于感性又彰显理性的潜意识审美和深层次规范。当我们将"叙事结构"作为一个群体成员所共同遵从的艺术范式来进行考察，便能在百花齐放、百家争鸣的中国现代影视艺术中发现一些共性或创作倾向。

## 第一节　传统视听叙事的主体特征

叙事结构作为一种叙事技巧和策略，言说着叙事主体的意图：任何叙事都是由叙事主体凭借明确的自我意识实施的主观行为，任何文本都是由叙事主体对事件素材进行的自觉加工。在传统电影、电视剧的语境中，作品的主体性往往是相当明确的，这体现在以下几个方面：

### 一、可感可知的"公开的叙事者"

传统语境下的大部分影视作品，无不有一个"公开的叙事者"站在背后，行使着叙事主体的权利，传递着创作者的意图。这些"公开的叙事者"往往具有高高在上和全知全能的权威，"他"能够自由支配电影、电视剧中的时间、场景，能够随意掌控人物、事件，甚至能够进出人们的内心、洞悉角色的心理活动。"他"无时无刻不在场，"他"古往今来皆了然，"他"万事万物都掌管。这位强势、张扬的"叙事者"在传统影视剧中有着不同的表现形式。多数情况下，叙事者是俨然上帝一般的存在——从未在文本中现身，却如同提线木偶的主人般操纵着整部作品叙事的全局。如1994年出品的84集电视连续剧《三国演义》，以磅礴的气势、激荡的情节全景展现了东汉末年到西晋初年近一个世纪的风云变幻，刻画出几百名有血有肉、过目不忘的历史人物形象。而全剧叙事的谋篇布局，来源于一股无形的力量。这名"叙事者"在第一集开篇时有过短暂显现，一段画外音对观众说道："天下大势，分久必合，合久必分……"这既是对时代背景的简要介绍，又分明寓示着有一位虚幻的、统摄一切的"说书人"凌驾于剧情之上，准备开始为我们讲述一段波澜壮阔的历史传奇。有时候，叙事者也会以某种形态在剧中显现，以某一虚构人物或真实角色的身份进行讲述。例如，电影《红高粱》是以"我"的观点回忆了"我爷爷"与"我奶奶"的故事。该片起始处也使用了画外音的方式："我跟你说说我爷爷、我奶奶的这段事"，从而交代出影片故事的讲述者——"我"。而在张艺谋导演的另一部影片《我的父亲母亲》中，这名叙事者则更加清晰、更加具体，由孙红雷扮演的"我"直接参与到剧情发展之中，是叙事主体经作者安排在故事中的刻意显现。"公开的叙事者"是传统影视作品的共性之一。

**二、全知全能的"上帝视角"**

在传统影视作品中，创作者往往使用全知视角，将叙事者置于一个全知全觉的地位——"他"洞悉一切，可以随时凌驾于故事之上，对人物的思想和行为进行解释和评价，并且从不向观众解释这一切"他"是如何知道的；他操纵一切，作品中的时间、场景、人物、故事等元素无不由"他"主宰、任他调度，也从不向观众解释这一切"他"是如何做到的——尽管这名叙事者同片中人物或事件毫无关系。正如勒内·韦勒克（René Wellek）与奥斯汀·沃伦（Austin Warren）在《文学理论》中所述，

"他可以用第三人称写作,当一名'全知全能'的作家,这无疑是传统的和'自然'的叙述模式。作者出现在他的作品的旁边,就像一个演讲者伴随着幻灯片或纪录片进行讲解一样"[①]。这种上帝般的叙事视角不仅对文学创作而言是"传统和自然"的,对影视剧创作来说也是司空见惯的,绝大多数的传统影视作品均采取这种"叙事者全知"的观点进行创作。这种视角的优长之处在于,它赋予创作者极大的权力和自由,故事中没有任何事情是叙事者无法完成的,只要"他"想做的话。因此,这种视角的视野无限开阔、时间任意延展、能力无比强大,适合表现时间跨度大、人物场景众多、情节错综复杂的题材和故事,能够全方位、多角度地进行表现,叙事朴实、清晰、自然,使观众能够轻松接受。例如,影片《疯狂的石头》采取的便是全知视角:无论如何调包,所有观众自始至终都知道哪块是真玉石、哪块是假玉石,而片中人物仍被蒙在鼓里、被耍得团团转。电视剧《康熙微服私访记》也采用这种模式:观众都很清楚这位衣衫褴褛的"平头百姓"乃是当朝皇帝,而眼前这位趾高气扬的县太爷恐怕还一无所知,这样的"信息不对称"让观众获得了观看的优越感、满足感和愉悦感。当然,全知视角也存在一定的弊端。"全知全能"的神毕竟不存在于现实生活之中,叙述者如此频繁的干预和神通的创作可能会让观众有脱离现实生活之感,认定其故事本质性的虚构,降低了作品的真实度和可信度,从而在观看时代入感不强。因而不少创作者尝试探索在全知叙事中偶尔插入内视角或外视角的段落,或实施全片视角的转换,以其他视角的优势来弥补全知视角的不足,帮助观众进入剧情、身临其境。例如,电视连续剧《西游记》中《真假美猴王》一集,创作者便刻意转换了视角,先后借唐僧、托塔天王、观音菩萨、谛听等人的视角,始终无法分辨真假;此时观众也不得而知,悬念顿生。最后,终于通过如来佛祖的视角揭晓了答案,原来其中一个悟空乃六耳猕猴所变,悬念揭晓。这类"内视角"的叙事方式在电影《公民凯恩》和《罗生门》中的运用堪称经典。不同的叙事视角通过影响作品的叙事结构,进而决定着观众对于作品的感受方式。从整体上来看,传统语境下的电影、电视剧仍大多使用全知视角进行叙事,并以此为

---

① [美]勒内·韦勒克,[美]奥斯汀·沃伦.文学理论[M].刘象愚,等译.南京:江苏教育出版社,2005.

基础进行着不同维度的创新。

### 三、与社会主流意识形态相符的叙事态度

态度是个体对特定对象（人、观念、情感或者事件等）所持有的稳定的心理倾向，这种心理倾向蕴含着个体的主观评价以及由此产生的行为倾向。① 哲学心理学家赫伯特·斯宾塞（Herbert Spencer）最早将"态度"的概念引入心理学，提出态度是一种先有主见，是把判断和思考引导到一定方向的先有观念和倾向，即心理准备。② 美国心理学家克特·W. 巴克（K. W. Back）认为，态度是对任何人、观念或事物的一种心理倾向，强调态度是一种观念、意见等主观的东西。③ 根据戴维·迈尔斯（David Myers）关于态度的认知、情感和行为意象的三个维度理论④，我们可以将影视作品的叙事主体对叙事对象的态度分为三个层次进行解读。首先，认知层面。认知是指叙事主体对客体的认识和理解，表现为叙事中带有评价意义的论述，包括相信或怀疑、赞同或反对等态度。例如，2003 年出品的电视连续剧《走向共和》，评论界认为该剧的重大进步意义之一在于突破了原先对很多历史人物脸谱化的认知和简单化的评判，尽量客观、公正地还原了一批历史人物的真实状态。主创人员通过采纳史学界的最新研究成果，将李鸿章等晚清重臣放在近代云谲波诡的新旧交替之际进行多个角度、不同侧面的描写，肯定了李鸿章首倡洋务、师夷长技的历史贡献，展现出这名历史风云人物身上的复杂性，而不再像之前很多影视作品那样将其简单地定义为"卖国贼"。这样的叙事态度来源于创作者对叙事对象的认知。其次，情感层面。情感因素指的是叙事主体对于客体的情感体验，包括喜欢、厌恶、尊重、轻蔑等不同态度。2014 年播出的电视剧《历史转折中的邓小平》，全景展现了从 1976 年 10 月粉碎"四人帮"、结束十年动乱到 1984

---

① 倪娉婷，朱永晖. 校园文创产品对大学生校园文化认同感的构建研究［J］. 教育教学论坛期刊，2020（42）.
② ［英］赫伯特·斯宾塞. 第一原理［M］. 易立梅，译. 北京：外语教学与研究出版社，2015.
③ ［美］克特·W. 巴克. 社会心理学［M］. 南开大学社会学系，译. 天津：南开大学出版社，1984.
④ ［美］戴维·迈尔斯. 迈尔斯心理学［M］. 侯玉波，乐国安，张智勇，等译. 北京：人民邮电出版社，2016.

年中国全面实行改革开放这具有划时代意义的八年来中国的政治历程。作为一部纪念邓小平同志诞辰110周年的鸿篇巨制，该剧叙述了邓小平等老一辈无产阶级革命家在党和国家生死存亡的关键时刻挺身而出、拨乱反正、解放思想、实事求是的勇气和智慧，大量从未在荧屏上直接展现的历史事件表现出创作者对这位中国改革开放和现代化建设总设计师的崇高敬意，而大量对小平同志日常生活的细节描写则体现出创作者对这位革命老人和世界伟人的深切缅怀。最后，行为意向。意向因素指叙事主体对于客体的反应倾向或行为准备。例如，不同版本的以《三国演义》为蓝本的影视作品，基本上都遵循着"拥刘反曹"的行为意向。"拥刘反曹"的态度在中国民间很早就已形成，据苏轼《东坡志林》记载，古时说书人讲三国故事，听者"闻刘玄德败，频蹙眉，有出涕者……闻曹操败，即喜唱快"。尽管史学界不少人对这一思想倾向予以批驳，但无论是说书人、小说家还是影视工作者，都把握着"拥刘反曹"这一爱憎准绳。这样的行为意向实际上体现的是人民的情感和愿望，"拥刘"是因为刘备"仁慈爱民"，"反曹"是因为曹操"阴险诡诈"，究其实质，意在歌颂仁政、反对暴政。因此，在作品中秉承"拥刘反曹"的情感态度是完全可以理解的。

  总的来说，叙事者的意识形态一定会渗透到叙事者所建构的世界图景之中，故事中的人、景、事、物无不受到叙事者思想、情感和态度的影响；影视艺术作为一项由集体创作完成的大众艺术，基本上都能够坚持与社会主流意识形态相符的叙事态度，是具有人民性和时代性的艺术。

## 第二节 传统视听叙事的现实性

  正如前文所述，影视艺术是时代的艺术，是大众的艺术，关注现实、诠释生活是影视艺术的一大优势，也是重要特性。法国电影理论家安德烈·巴赞（André Bazin）在其1945年发表的《摄影影像的本体论》一文中指出，电影再现事物原貌的本性是电影美学的基础，电影艺术所具有的原始的第一特征就是"纪实"。[①] 摄影艺术与其他艺术不同，它不以人的参

---

① ［法］安德烈·巴赞.摄影影像的本体论［J］.毛卫东，译.摄影文论丛刊，2015（2）.

与为基础,具有不让人介入的特权。因此,电影艺术比其他任何艺术都更加接近生活、贴近现实。巴赞得出了这样的结论:"电影是现实的渐近线。"随后发展起来的电视艺术相比电影艺术,可谓离现实更进一步。中国传媒大学苗棣教授指出,同所有的再现艺术一样,电视艺术为人们提供的不过是关于外部世界的幻象。但由于这种幻象具有"即时传真"特质,可以让接受者感到贴近生活的原生形态,进而满足人们观照现实外部世界的需求,并因此产生精神上的愉悦。① 可以说,影视艺术更能接近生活的本真,它不同于很多传统艺术的天高地迥、曲高和寡,普通人于平常生活之中的情感欲望得以彰显,现实中的柴米油盐、喜怒哀乐得以展现。社会呼唤那些关注现实生活、忠于现实本质、富于现代气息、契合现代精神的影视作品——现实性被视作传统语境下多数电影、电视剧一致认定的品格追求。

## 一、叙事背景:真实的历史进程

美国文学理论家勒内·韦勒克(Rene Wellek)认为,历史性是现实主义理论中比较可行的一个准则。他引用语言学家埃里希·奥尔巴赫(Erich Auerbach)对《红与黑》的评述说明这一点:"主人公'植根于一个政治、社会、经济的总体现实中,这个现实是具体的,同时又是不断发展的'。"② 现实主义的历史维度要求叙事者搭建真实历史进程作为叙事环境,不仅要摹写出真实的社会关系,而且要反映出社会关系中相互依存、相互影响、相互斗争、相互转化的矛盾运动过程,让人性在广泛而客观的环境下充分表现,让社会现象在历史进程的运动中揭示自己的本质。这构成了传统影视作品叙事结构的一个总体背景。传统语境下的电影、电视剧往往能够很好地把握叙事的历史维度,依照历史进程和社会现实来建构作品的叙事。我们看到,大部分电影、电视剧的叙事都依托于一定的历史、地域或文化背景,故事必须是从现实中自然生长出来的;那种先有剧情,再硬贴上一个历史背景的影视剧少之又少,即使是科幻故事也都是通过一定的社会现实推论而来,并非空穴来风。真实的历史进程为作品叙事提供了合

---

① 苗棣.解读电视:苗棣自选集[M].北京:北京广播学院出版社,2004.
② [美]勒内·韦勒克.批评的诸种概念[M].丁泓,等译.成都:四川文艺出版社,1987:240.

理性，也提供了结构性，使得故事中的每一段落的情节发展有章可循、有本可依。例如，2010年上映的电影《唐山大地震》，堪称一部现实主义佳作。这部影片的叙事结构依托于真实的历史进程，呈现出一条清晰的叙事主线：1976年的唐山大地震，母亲李元妮只能选择救女儿方登、儿子方达其中一人，母亲最终选择了救弟弟，姐姐却奇迹生还，直到2008年的汶川大地震，母女、姐弟再次相逢。发生在这位母亲和姐弟俩身上的种种经历是在一定历史背景下、按照历史进程依次出现的——因为1976年唐山大地震的23秒意外分离，因为2008年的汶川大地震在32年后意外重逢。这种戏剧性并不是小说原著和影片编剧完全无中生有的捏造，而是在时代与社会的真实素材中挖掘、加工出来的故事。在滚滚前行的历史洪流之中，这样的叙事结构显得自然而然、合乎逻辑：是真实的历史导致了戏剧性的故事，而不是给戏剧性的故事贴上一段真实的历史；故事不是靠着叙事者主观的因果逻辑被虚构出来的，而是基于历史的客观进程自然发生的。这种依循客观时间与真实历史进程的叙事结构是现实主义的，也是传统语境下大部分影视剧作品的坚守。

## 二、情节密度：戏剧性与生活流的平衡

现实性是指包含内在根据的、合乎必然性的存在，换言之，外在的必然性和内在的必然性是逻辑耦合的，因此真实、客观地再现社会现实，成为现实主义的根本意义。现实主义相信：对社会现实观察得越仔细、研究得越深入，对事件及细节的相互关系和矛盾运动理解得越透彻，就越能获得真实的力量。现实主义的观点对影视剧创作的影响也同样是巨大的。尽管影视艺术脱胎于情节环环相扣、场面激动人心的戏剧舞台，先进的技术手段又能将创作者天马行空的恣意想象呈现出来，传统语境下的影视剧创作却从未挣脱现实、脱离生活。现实性在传统影视作品叙事结构中的另一个表现是依照现实的法则，合理地安排情节密度，做到作品戏剧性和生活流的平衡。我们绝大多数人的生活在绝大多数时刻都是平淡无奇的，生活不是精致巧妙的设计，不是扣人心弦的悬念，不是强烈情感的充斥，不是剧烈矛盾的堆积；生活在很多时候是没有情节可言的，而是一种延续着的状态，这就是生活流。当然，影视艺术作为一门叙事的艺术，还是要把故事讲得精彩好看，讲得深刻有力，这就需要故事的讲述者在叙事结构中合

理地安排情节密度，注重戏剧性和生活流的平衡，既有汹涌澎湃的戏剧冲突，又展现出涓涓细流般的生活原貌。戏剧性情节是随着剧中人物真实的生活进程自然发生的，而不是叙事者凭借戏剧技巧主观赋予的，这样的戏剧性情节便不是无源之水、无本之木。要掌握好这种平衡，首先需要创作者对现实予以关注，观察生活的细节，领悟生活的本真；其次需要提炼生活的素材，挖掘生活的内涵，对现实的生活素材进行筛选、提炼、融合、创新，从而以自有的表达映射出生活的某些本质特征；再次需要掌握叙事方式的客观性，尽量真实、具体地对生活进行展现；最后在此基础上，还要注重叙事结构中戏剧性与现实性搭配合理、设计精妙、比例得当，才能产生出一部作品节奏的韵律和结构的弹性，才能真正做到戏剧性和生活流的平衡。

### 三、叙事时间：顺时针的线性结构

此外，采取符合自然规律和观众习惯的顺时叙事和线性结构，也成为传统语境下电影、电视剧叙事结构的普遍选择。单向度、顺时针的时间进程是现实生活中的客观法则，自然作为叙事者的首选。中国的古典历史著作、话本小说和民间说书，西方的神话、戏剧，都是遵循单一时间向度的线性原则。电影艺术诞生之初，卢米埃尔兄弟的《工厂大门》《火车进站》《水浇园丁》等作品，纯粹是对生活片段的记录，其叙事时间和现实时间几乎是一致的；而后，梅里爱的《贵妇人的失踪》、鲍特的《火车大劫案》和格里菲斯的《一个国家的诞生》，都清晰地显示出电影叙事线性事理结构日趋完善。无论源自生活的经验还是艺术的体验，顺时的线性原则已在影视观众心中形成了牢固的心理定式。顺时针的线性结构要求故事依据单一向度的时间顺序展开，将线性结构作为叙事的主干，时间线上的情节则依据时间先后顺序和因果逻辑次第发生，注重叙事结构的完整性和时空统一的连续性。往往是从一个点生发出来，由一个人引出另一个人，一件事扯出另一件事。例如，影片《风声》，以顺时、线性结构表现了日伪军在五天时限内、于一座密闭城堡中对五名嫌疑人进行审讯以揪出共产党地下党员的过程。该片的时间、地点、事件三者高度统一且限制严格，体现出戏剧艺术的"三一律"原则，情节紧凑，扣人心弦，叙事结构张力十足。当然，随着影视艺术的演进，在艺术家们的探索和实践中也诞生了不少摆脱顺序时间和线性结构的影视作品，例如以叙事者的心理、意识为叙事向度的"心理结构"影片（如诺兰的影片《记忆碎片》《盗梦空间》），或无逻辑、超逻辑或反逻辑的"超验结构"影片（如《滑动的门》《罗拉快跑》）。尽管这些作品进一步解放了电影时空，发掘出影视艺术叙事结构的更多可能，但总体来看，采取顺时针的线性结构仍是绝大多数影视作品的主流创作倾向。

## 第三节 传统视听叙事的完整性

传统语境下影视作品的叙事结构，与传统艺术的叙事法则具有深刻的内在联系，不少沉淀于中西方古典文学作品中的艺术原理自然地渗透在电影、电视剧的叙事结构中，成为多数影视工作者遵从的创作法则。其中，叙事结构的完整性是相当重要的一项指标。无论东西方的传统艺术理论，都强调艺术作品的完整性。艺术家凭借整体性思维调动艺术素材，将各元素有机排列组合，以形成浑然一体、四角俱全的艺术作品，达到周密畅达、圆满融通的艺术效果。注重结构的完整统一、叙事的前后连贯、情节的有始有终、层次的起承转合、节奏的一气呵成、意境的神完气足，也是影视剧作品叙事结构的基本特点和审美取向。

### 一、整一的叙事情节

在西方的传统叙事概念中，情节的整一性是衡量叙事结构的一个标准，无论是神话、史诗，还是小说、戏剧，在创作中都格外注重情节的完整、连贯。亚里士多德在《诗学》中对戏剧行动进行论述时提出，"悲剧是对一个完整划一且具有一定长度的行动的模仿……所谓完整，是由开头、中段、结尾组成"，这种戏剧行动的一致性和情节的整一性，成为传统叙事学的经典观点。①意大利文学评论家卡斯特尔维屈罗发表了《亚里士多德〈诗学〉诠释》，在传统叙事学的经典理论基础上，提出了戏剧结构的"三一律"（又称"三整一律"），强调戏剧创作要在时间、地点和情

---

① ［古希腊］亚里士多德.诗学［M］.陈中梅，译.北京：商务印书馆，1996.

节三者之间保持一致性，要求一出戏所叙述的故事发生在一天之内、地点在一个场景、情节服从一个主题。① "三一律"同样认为，戏剧的主要情节应当是一个完整的、贯穿始终的动作，选择的情节应当有开端、中间和结尾。这些法则之目的，在于使剧情紧凑集中，结构完整统一，体现出对叙事情节整一性的追求。尽管与戏剧艺术相比，影视艺术的叙事时空得到了极大的解放，但其对情节整一性的追求与戏剧舞台并无二致。影视剧作品的叙事同样强调围绕一个核心人物、凝聚一个主要情节，追求叙事结构的完整、清晰，以整一性架构全剧，使剧情的起因、经过、发展、高潮、结局合理布局、圆满闭合，起点到终点十分明确。

**二、连贯的叙事脉络**

在情节较为复杂的影视剧作品中，情节曲折变化，事件千头万绪，时空转移变换，视角闪展腾挪，给故事的完整讲述带来了一定难度。要将复杂结构的故事讲得清楚、讲得精彩，必须做到线索清晰、脉络连贯。叙事的连贯性是叙事结构整体性的应有之义和必然要求。正如讲话作文一样，讲究句子通不通、段落顺不顺，影视剧作品的叙事也同样追求结构间的连接、信息流的通畅和表意的一致。人类为何会被电影魅力吸引？爱森斯坦在回答这个问题时曾提出这样一种观点：源于人类的原始本能——狩猎和编结。早期人类的基本生存技能，让我们天生地具备这样一种遗传本能，即追踪目标和编织结构，并由此衍生出影视观众观影和收视的心理基础。人们在观看电影、电视剧时，会对未知事件和人物命运进行追踪，以情节线索编织出整部剧情的全貌，并在这种追踪和编结的过程中获得极大的心理满足。这也被视为影视剧叙事结构的动力所在。正因广大受众普遍具备的这种心理本能，对影视作品的创作者来说，为观众提供一条清晰连贯、便于追踪和编结的叙事脉络，也成为一条重要的叙事原则。连贯作为一种叙事手法和创作思维，其核心在于把握观众的心理状态。有的作品尽管从其外在看上去拼凑、驳杂，但给观众的心理感觉是连贯、统一的。怎样构建叙事的连贯意？具体手段在于巧妙衔接，使前后文具备一致性。这种一致性既体现在外部形态上，也体现在给观众的心理感觉上，在叙事中主

---

① 孟庆枢，杨守森. 西方文论 [M]. 北京：高等教育出版社，2007.

动寻求与受众心理状态和接受语境最为相关、最为相符的一种理解。叙事结构的连贯性主要源于叙事时间、空间和焦点的一致性。对传统语境下的影视作品来说，时间的一致性在于遵循自然界的时间顺序，按照事件发生的先后顺序和因果联系来结构叙事，这与人们头脑中通常的时间概念是一致的。影视作品中出现的空间画面也会映射到观众的头脑，形成一幅幅画面，进而构成观众的心理空间概念。空间的一致性要求，剧中的空间画面顺序应和观众心理的空间画面顺序一致，例如一个人开门走出了房间，下一个镜头他就应该出现在屋外。焦点的一致性强调，作品的叙事焦点应和观众的心理焦点保持一致。随着剧情的发展，观众希望看到什么、觉得应该看到什么，镜头应当满足观众的心理愿望。例如，一个人开了一枪，下一个镜头就应当呈现他是否打中目标。如果切换别的镜头，必然违背观众的心理预期，叙事焦点与观众心理焦点相背离，也便达不到叙事的连贯。对大部分影视剧作品来说，创作者应当积极协同各种元素、综合运用多种手法以实现叙事脉络的连贯，进而获得作品叙事结构和话语意义的完整性。

### 三、规整的外部形态

此外，影视剧作品的完整性还得益于外部形态的规整。主流体系下的电影、电视剧作品，通常具有一定的技术指标、标准参数、行业规范，要求创作者在制作时遵照执行，以使作品具备完整、统一的外部形态。例如，一定标准的画幅比，一定规格的片头、片尾，固定的上映（播出）时间、播出地点（电影院线或电视频道）、固定时长（院线电影通常为90—120分钟，电视剧每集通常为40—45分钟）。例如，当每天晚上八点钟观众便知道中央电视台一套的电视剧要播出了，片头曲响起时观众便知道电视剧要开始了，片尾字幕出现的时候观众便知道这集电视剧结束了……这种外部形态的确定性和规整性发挥着与受众对话的"熟语"效应，实际上完成的是对观众的提示和与观众的预约，同样有助于影视剧作品完整性的获得。

## 第四节 传统视听叙事的抽象性

苏珊·朗格的艺术本质论认为，艺术是人类情感符号的创造，[①]因此，作为符号的艺术天然的是主观的。柏拉图曾说，"现实世界是理念世界的模仿，艺术又是对客观现实的模仿，那么，艺术表现的就是理念的世界"[②]。康德也同样认为，美是主观的，美的艺术要求主观表现。艺术家进行艺术创造的过程，实际上也就是将观念抽离客观世界再加以传达的过程。正是艺术的这种观念性，使得艺术作品具有抽象、含蓄的美学特征。正是那些象外之象、弦外之音、言外之意，让艺术成其为艺术；抽象性和含蓄美，也成为古今中外艺术家的一致追求。传统语境下主流体系的电影、电视剧创作也体现出这一点，我们可以从其叙事结构上略窥一斑。

### 一、一以贯之的特殊意象

黑格尔在对美与艺术定义时谈道："艺术的内容是理念，艺术的形式是诉诸感官的形象，艺术要把这两个方面调和成为一种自由的统一的整体。"[③]这一"整体"就是艺术意象。所谓意象，是客观物象经过创作者独特的情感活动而创造出来的一种艺术形象。[④]艺术家借助某一具体事物的外部形态，或寄寓深邃的思想，或表达真挚的感情，或表达特殊的事理。[⑤]这种艺术手法在传统语境下影视剧的叙事结构中被广泛运用：通过某一具体的、特定的意象贯穿全部的故事情节，既作为串联叙事结构的脉络，也成为点明中心思想的灵魂。例如，2001年播出的电视连续剧《大宅门》，通过"大宅门"这一意象，串起了人物的命运和家族的兴衰，也串起了国家的动荡和时代的更迭。在这类影视剧的叙事结构中，特殊的意象既可以作为后续事件的起因、发端，可以作为剧中情节的持续伴随，也可以作为叙事线索的指向、收束，这些电影、电视剧的剧情往往围绕着这一特殊意象展开。意象的选择可以是某一特殊时间（《2046》），可以是某一特殊空

---

[①] [美]苏珊·朗格.情感与形式[M].刘大基，傅志强，译.北京：中国社会科学出版社，1986.
[②] 胡景涛.绘画感觉的模糊拼合[J].美术大观，2010（8）.
[③] [德]黑格尔.美学[M].朱光潜，译.北京：商务印书馆，2018：87.
[④] 杨波.明末景德镇民间青花山水审美研究[D].景德镇：景德镇陶瓷学院，2012.
[⑤] 王豪东.传统和当代的对接——当代龙泉青瓷的艺术创新[J].艺术探索，2011（2）.

间（《黄土地》），可以是某一特殊人物（《杀死比尔》），可以是某一特殊物品（《辛德勒的名单》），可以是某一特殊颜色（《蓝》），可以是某一特殊数字（《七宗罪》），也可以是某一特殊旋律（《集结号》）。这种意象化的处理方式，把抽象的概念具象化、使深刻的哲理简单化、将复杂的结构轴线化，同时创造出一种含蓄、隽永的意境，使观众在对意象的解码过程中平添了不少审美愉悦。

### 二、相反相成的同构对比

同构对比，是指将具有相同构造或处于同一系统结构之下，但又具有明显差异或对立的双方安排在一起，使之集中在一个完整的艺术统一体之中进行对照比较的表现手法。这样的对比能够使矛盾双方形成相反相成的直接比照关系，有利于充分展现事物的矛盾和本质，增强艺术作品的冲击力和感染力。文学理论家杨义在《中国叙事学》中谈到，"对立者可以共构，互殊者可以相通"是中国叙事的一个基本原理，"内中和而外两极"是中国众多叙事原则深处的潜原则。[①] 对比不仅作为艺术作品的一种叙事结构，作为一种修辞手法的对比行为本身也具有某种象征性和抽象性。这在不少影视剧作品中都有体现。具体来说，对比在电影、电视剧的叙事中有多种结构方式。例如，主要人物的对比。不少影视剧作品在对主要人物进行塑造时采取"双峰并峙"的模型，即双主角，且两人往往呈现出一正一邪、一善一恶、一忠一奸、一美一丑的基本特质，进一步形成了真诚与虚伪、勇敢与怯懦、宽容与狭隘、谦逊与傲慢、勤奋与懒惰等人物性格，并直接影响着全片的情节走向与叙事结构。又如，冲突前后的对比。冲突是对平静生活的闯入，是对和谐状态的破坏，合理的矛盾冲突在故事的讲述中是必不可少的要素。结构主义符号学家茨维坦·托多罗夫（Tzvetan Todorov）谈到，一篇理想的叙事文总是以一种稳定的状态为开端，然后这个状态受到某种破坏而出现平衡失调的局面，最后通过另一种来自相反方向的力量重新恢复了平衡。[②]

大多数影视剧作品在叙事结构中也都能体现出这种从平衡到平衡被打

---

① 杨义.中国叙事学［M］.北京：人民出版社，2009.
② 戴清.近年家庭伦理电视剧的叙事结构分析［J］.中国电视，2007（8）.

破再到恢复平衡的过程，冲突事件成为剧情的转折点，而冲突前后的对比体现出这类作品的叙事架构。再如，叙事时空的对比。多数电影、电视剧的故事会安排多条叙事线索、设置多重时空关系，在对不同时空的表现上展开对比。例如，现实时空和过去时空的对比、自然时空和精神时空的对比、主线时空和副线时空的对比、平行时空的对比，等等。此外，在影视剧作品的风格、视角、表现手法等多个方面都可以体现出同构对比的原则并以此结构全片，由此形成作品相反相成、对立统一、张弛有度、刚柔并济的叙事结构。

### 三、激活想象的互动参与

艺术的发生，是通过艺术作品的创作、传播和接受才得以完整实现的；艺术的鉴赏是不可或缺的重要一环。电影、电视剧作为当代"群众基础"最好的大众艺术，广大观众的互动参与和审美体验对创作者而言不容忽视，不少影视剧也都在作品的互动性和对话性上想办法、下功夫。电影、电视剧如何通过荧（屏）幕与观众对话？在传统语境下，主要的方式是在叙事中为观众预留出一定的想象空间。正如我们日常生活中与人对话一样，要避免一刻不停、喋喋不休，应当适当留一些"气口"；要避免滔滔不绝、自说自话，应当设一些提示、问一些问题。以此调动对方的想象，吸引对方的注意，邀请对方的参与，完成双方的互动。因此，大部分电影、电视剧都会在其叙事过程中使用一些技巧，使作品更加"透气"，与观众展开"对话"，并在与观众的这种互动关系中完成作品的叙事结构。为观众留出想象空间有一些具体的手法。例如，首先，制造歧义。在叙事中刻意安排一些可能会令观众产生不同理解的情节，或使用本身意义不明确、有多重解释的意象，或将某些特定事物以特殊方式组合嫁接在一起，都可能引发歧义，进而使观众在自辨、自洽中参与叙事。其次，设置悬念。在叙事中设置不确定性的剧情走向，如对未决事件的突然搁置、故事线索的突然中断、开放式的结尾，都可以营造出叙事的悬念，令观众在对剧情或人物的关切、期待和推论中参与叙事。最后，留白。在故事结构的布局中留下相应的空白，秘而不宣，一言不表，使得叙事结构呈现出断裂和拼贴之感，以此唤醒观众自身的完形填空能力。通过调动观众的想象与参与，使作品在与观众的这种互动关系中实现叙事的完整和审美的灵动。

# 第二章　媒介融合语境下视听互动叙事的主体和受众变革

巴尔特（Barthes）认为：观众和艺术作品间还存在"可书写"的关系，即"接受者可以根据艺术作品提供的信息自由地选择，而且可以自由地改写和重写"①。随着互联网尤其是移动互联网的高速发展，传统媒体在自我变革中，与新兴媒体深度融合，使得这种"自由地改写和重写"更加便捷，这为视听互动叙事文本的创作提供了更广阔的舞台。

受众，泛指所有大众媒介的信息接受者。在传统的话语中，无论是作为接受者还是消费者，受众角色基本都是被动的，数量庞大，分布广泛但缺乏组织性，彼此之间缺乏有效的横向联系。而在信息消费者选择机会越来越多且主动性更大的今天，连"受众"一词也受到了质疑：认为其没有体现出接受者参与性、主动性、异质性不断增强的新趋势。不过，麦奎尔认为，无论在传统媒体还是新媒体条件下，不论人们的参与程度与主动性如何，他们总是某一大众媒体信息的到达者，因此即使不再强调被动性，"受众"这一与信息相关的概念还是有其存在价值的。②恰如施拉姆所云："在过去40年中传播理论上最富戏剧性的变化就是逐步抛弃了被动受众的观念，并被一个相当积极的、非常具有选择性的，而非被信息操控的受众概念所取代。"③

---

① 陈林侠. 文化视域中的影像叙事 [M]. 武汉：武汉大学出版社，2006：160.
② [英] 丹尼斯·麦奎尔. 受众分析 [M]. 刘燕南，李颖，杨振荣，译. 北京：中国人民大学出版社，2006：180.
③ Schramm W. "The Nature of Communication between Humans". In W. Schramm & D.F. Roberts (Eds.), he Process and Effects of Mass Communication. Urbana: University of Illinois Press, 1974, pp.3-53.

# 颠覆中的秩序
## ——媒介融合语境下视听互动叙事研究

受众是一个随着时代变迁而变化的概念，主要是指由信息链接起来的群体。印刷技术诞生前，它更多地指向在某一特定时空里聚集起来的一群接受者；印刷媒体的诞生创造了真正的"大众传播"，所以接受者不必再聚集到同一空间——印刷媒体创造了想象中的阅读共同体。[①] 电影的出现又将接受者重新聚集在了一起。但是，随着广播、电视的陆续出现和普及，家庭乃至个人成为信息接受的主体并开始有了一些选择范围，受众群体、接受内容再一次分散。随着数字技术的广泛普及和应用、互联网的飞速发展、电视频道的增加以及互动媒体的多样化，受众更加分化；而另一方面，随着社交媒体等新兴媒体的迅猛发展，受众的重新聚合又更加便捷。在受众的自由度和选择权不断增大的发展趋势下，传播者借助于新媒体等技术手段，对于受众的精准化定位也逐渐成为可能。以往的传统的报纸或电视台无法确切获知受众对象是谁，喜欢看什么内容，只能将其作为芸芸大众进行产品投放，即使有受众定位也是粗疏的；而如今，在媒介融合时代，网络及数字媒体却能精确收集受众的消费信息，精准定位受众群体，提供个性化的内容，更有甚者，吸纳受众共同进行视听文本意义的创作。

事实上，视听文本的意义本来就是由视听信息资源开发者与受众通过对文本意义的预设和解读合作完成的。[②] 只有受众主动参与制造文本的意义，补充文本中没有写出但是做出暗示的那部分内容，抑或自由发挥，延展出新的积极性的外延内容，才算真正实现了有效的视听互动叙事文本的传播。因此，首先认清媒介融合背景下受众的新变化，了解影响受众参与视听文本互动的心理特征和行为结构，具有重要意义。这里要特别指出的是，在影响受众互动行为的各种宏观因素中，文化传统和时代变迁是最核心的，这在本书的其他部分已有涉及，这里就不再赘述。

---

① [美]本尼迪克特·安德森.想象的共同体[M].吴叡人,译.上海：上海人民出版社，2003：23—55.

② 人民网.媒介融合背景下的品牌传播与受众参与——以美国 HGTV 为例. http: //media.people.com.cn/n1/2018/0119/c416775-29776024.html.

## 第一节　媒介融合语境下视听互动叙事的主体特征

### 一、个人化的叙事主体

通过对网络电影、网络剧发展历程的考察，我们看到在网络电影、网络剧发展的早期阶段（即"微视频"阶段），"拍客"在其中扮演着非常重要的角色。所谓"拍客"，是指在互联网条件下使用相机、手机、DV等数码影像设备拍摄图片或视频，通过计算机编辑处理后上传至网络进行分享与传播的人群。① 当时在互联网平台上传播的视频中，由"拍客"自行拍摄、制作的视频占据很大一部分比例。随着技术的进步，成为"拍客"的门槛越来越低，"拍客"的规模越来越大，"拍客"的作品也越来越多。"拍客"作品往往具有时效性、贴近性、真实性等特征，能够迎合广大网民或猎奇，或偷窥，或消遣，或狂欢的心理，同时其外部形态便于在线观看、交流与分享，因此，不少作品在互联网上传播极广，有的甚至产生了全球影响。巨大的传播价值带来了巨大的经济效益，伴随着整个传媒领域产业化的发展和商业化的介入，从广大"拍客"群体中逐渐分化出一批专业"拍客"，专职进行个人作品的拍摄、制作和传播，并与特定几家视频网站签署独家供片协议、建立专题页面、实施收益分成，渐成一股势力。这成为网络电影、网络剧发展的源头之一。"拍客"不仅仅是一种身份，也是一种视角、一种态度、一种精神。网络电影、网络剧这种先天的"拍客"属性使得其创作主体也继承了不少"拍客"特质。首先表现在叙事主体的个人化。相比传统语境下的影视剧，网络电影、网络剧的创作者更加不善于（或者不屑于）隐藏自己，而是明目张胆、旗帜鲜明地站出来，为作品赋予一个公开的、显性的、直接的讲述者，将作品叙事视为一种自我表达。网络电影、网络剧的主体性不仅是明确的，而且是个人化的；创作者们甚至不再假借"上帝"之口，而干脆就以"我"的身份面对观众，以"我"的口吻进行叙事，以"我"的想法操纵全局。例如，著名的网络剧导演"叫兽易小星"在早期的拍客阶段自制的视频，就是戴着面具以"我"的身份出现，而在其2013年制作的网络剧《万万没想到》中，"我叫王大锤"这句自报家门更成为显著的剧集符号。在很多网络电影、网络

---

① 徐天源，肖军.三网融合背景下的广电媒体之形变［J］.声屏世界期刊，2011（10）.

剧当中，观众都能够从剧情中明显地察觉到一个可感可知的叙事者：他年纪轻轻、活力四射，他衣着休闲、坐姿随意，他语态轻松、想法独特，你甚至可以在头脑中为他画像。这种具有明确叙事主体的叙事结构能够为观众营造一种对象感和交流感，就像是和一位生活中时常见面的朋友单独聊天、当面对话，这与坐在漆黑一片的影院中与"艺术之神"之间的对话截然不同。

### 二、创作者的主观视角

尽管大多数网络电影、网络剧从外部形态上看仍采取了全知视角进行故事的讲述，但实际上这是一种主观的全知视角，是创作者深度介入、全盘操控的视角，是夹杂着创作者主观倾向及个人选择的结果。相比之下，传统语境下的电影、电视剧的创作者在叙事中则显得更为克制。即便这些传统电影同样使用"上帝视角"进行叙事，创作者通常会考虑到各方面的客观因素和限制条件，个体比重和自我成分往往不会太大，让"上帝"仍像"上帝"的样子。而由于网络电影、网络剧在各个方面的"松绑"，创作者的自我意识得到极大的张扬，自我表达获得极大的自由，使得作品的创作打上鲜明的个人烙印，作品题材的选择、素材的选择、视角的选择、话语方式的选择，都呈现出个人化的特质。在这种语境下，叙事的"上帝"便俨然成为了创作者本人。创作主体在网络电影、网络剧的叙事中，偏向于塑造一个自己的代言人，以剧中人物的身份进行叙事。这名主人公作为创作者的化身，以他的眼睛代替作者观察世界，以他的嘴巴代替作者讲述故事，以他的行动代替作者完成心愿或满足情结。例如，2010年10月28日上线并迅速风靡全网的微电影《老男孩》，讲述了一对痴迷迈克尔·杰克逊十几年的平凡"老男孩"重新登上舞台、找回音乐梦想的故事。[①] 影片导演、编剧肖央表示，正是2009年迈克尔·杰克逊的突然离世，刺激他和朋友王太利一起创作完成了这部短片。而影片中的故事，实际上也是二人的成长经历和心路历程。无忧无虑、年少轻狂的中学时光，对未来怀揣无限希望；之后进入社会面对挑战，成为大城市里平凡的小人物，

---

① 胡睿. 微电影营销——给品牌讲个好故事[J]. 西南交通大学学报（社会科学版），2014（2）.

苦苦挣扎却从未遗失梦想。剧中两位主角肖大宝和王小帅，正是当过多年"北漂"的肖央、王太利的代言人。创作者在这部影片中，借剧中人物的视角，完成了他们对青春的回忆、对现实的抗争和对梦想的珍藏，"老男孩"的设定感染了无数观众。

### 三、彰显个性的态度

个人化的标签被贴在网络电影和网络剧的显著位置，创作者个体的价值观念、态度主张在剧中得以进一步彰显。和传统电影、电视剧在叙事中所秉承的主流态度有所不同，新媒体语境下的网络电影、网络剧更加推崇创作者的个人表达，对创作者"我"的主观态度尤为看重，奉行"我"所认同的价值观，为"我"所代表的群体发声，说出"我"想对观众说的话。和传统影视剧的传播相比，新媒体技术的发展使得网络电影、网络剧在大众传播的基础上具备了某些人际传播的特点，点对点的个人订阅式观看让网络电影、网络剧在传播过程中呈现出"我对你说"的私密化色彩。在这一传播特性的暗示下，网络电影、网络剧的创作者开始将个人的主观态度注入叙事过程之中，试图打破禁忌、改变陈规，甚至有意识或无意识地与传统、主流的价值观念相背离。这种偏差和背离在一定限度内是应该被包容的，因为网络电影、网络剧既然被认定为代表创作者个人的作品（而不是代表官方），其传播过程可以被视作个人之间或是组群内部的交流、沟通，其叙事态度的主观和个性是可以被接受的。例如，网络剧《屌丝男士》一反英雄主义的精英价值观，主人公以"屌丝"自居，所传递出的一种对低微身份的自嘲、对平凡生活的自足和对社会压力的自我缓解，剧情逻辑看似荒诞不经，但自有一份豁达与乐观，是创作主体自我意识的体现。

## 第二节 使用与满足理论视域下的受众使用动机与多元需求满足

### 一、使用与满足理论视域

使用与满足理论又名"满足需要论"，该理论认为，受众是有着特定"需求"的个人，他们接触媒介的活动是基于特定的需求动机的，他们通过使用媒介而使自己的特定需求得到满足。① 该理论强调了受众在传播活动中的主体地位，控制着整个传播过程，对媒介产生积极的影响。按照伊莱休·卡茨（Elihu Katz）等的定义，使用与满足理论关注的主要问题是：由社会因素和心理因素产生了需求（needs），这种需求又导致了人们对大众传播或其他信源的期待（expectations），这种期待引起了不同类型的媒介接触（或者其他行为），其结果导致需求的满足和其他后果（可能多数是无意的）。② 由此可见，媒体对受众产生影响的前提是受众愿意接受媒体，其认为能够从媒体接触行为中获得满足。这种满足的获得一般来自媒体内容、媒体接触和使用过程以及导致接触不同媒体的社会环境三个方面。受众会因为不同的需要来接触不同的视听文本内容，以及接触视听文本内容本身而得到满足，而且接触视听媒体的社会环境也会使受众获得满足，比如视听互动叙事的背景下，追赶潮流的积极受众也会逐渐养成视听叙事互动的行为，否则人们就认为他没有那么"积极"。

## 二、受众使用动机与多元需求满足

在一个新媒体或新内容刚刚出现时，了解受众的使用与满足是投资者进行市场调研的第一个环节：消费者是否需要这个媒体或内容，③ 消费者在什么情况下、为什么和用什么方式消费它们，媒体或内容怎样才能最大限度地满足消费者的某种需要，还有哪些方式与这种满足方式竞争，消费者愿意为这样的满足付出多大代价……④ 关于受众的使用动机，赫佐格对观众收听广播竞猜节目的研究中发现，受众的动机主要有竞争（competitive）、学习（educational）、自我评估（self-rating）和休闲娱乐（sporting），而在对妇女收听日间广播连续剧（肥皂剧）的研究中，赫佐格发现了受众感情释放（emotional-releasing）、愿望想象（wishful-thinking）、寻找建议（advice-seeking）等收听动机。在贝雷尔森的报纸使用与满足

---

① 王大中，杜志红，陈鹏.体育传播：运动、媒介与社会［M］.北京：中国传媒大学出版社，2006.
② ［美］伊莱休·卡茨.人际影响：个人在大众传播中的作用［M］.张宁，译.北京：中国人民大学出版社，2016.
③ 贺翔宇，焦若薇.微信依赖成因探析［J］.湖南大众传媒职业技术学院学报，2015（7）.
④ 刘海龙.大众传播理论：范式与流派［M］.北京：中国人民大学出版社，2008：272.

研究中，列出了读者的以下满足：获得信息和解释公共事务；日常生活工具；休憩；社会威信；社会接触；阅读本身带来的满足、安全感等；看报是一种仪式和强迫性的习惯。

麦奎尔认为，人的使用动机可以分为认知—情感、主动—被动、保持—成长、内部—外部四个维度，进而组合为16个项目的矩阵，并进一步说明个人的需求离不开与他人的互动。①卡茨等补充了麦奎尔的观点，提出大众传播的需求与满足不是仅仅由个人需求决定，而是有着复杂的社会根源，包括：一是社会情境产生紧张与冲突；二是社会情境导致人们意识到某个问题值得关注，产生环境监测和信息方面的需求；三是社会情境导致个人在现实环境中无法满足某种需求，需要使用媒体替代性地满足社会交往的需求；②四是社会情境使某种价值得到重视，为了确认和强化这种价值；五是社会情境导致人们对某种熟悉的媒体内容产生期待，为了维持群体成员的资格，人们使用媒体。通过对受众的需求与满足的社会心理来源和社会来源的梳理，我们更清楚地认识到受众的主动性和多元需求很多来自社会。大众传播作为社会环境的制造者，受众的很多"主动的需求"是由媒体制造出来的。

## 第三节　媒介融合语境下视听互动叙事的受众变革

### 一、受众对视听媒介系统依赖的强化

在互联网时代，受众自我满足的方式和渠道更加宽泛，这种对受众"使用"媒介的动机和需求的解释主要基于个人的心理原因。鲍尔-洛基奇和德弗勒最早提出的"媒介系统依赖"理论，则对"使用"做出了另一番解释，它将受众的媒介使用行为视为更多受到各种社会力量的影响。在"媒介系统依赖论"看来，受众是一个解决问题者，他在媒介系统控制主要信息资源的社会环境中理解、定位、思考问题、实现目标。就受众个人与社会的媒介依赖及其效果，"媒介系统依赖论"提出了五点假设：一是

---

① 刘海龙.大众传播理论：范式与流派［M］.北京：中国人民大学出版社，2008.
② 贺翔宇，焦若薇.微信依赖成因探析［J］.湖南大众传媒职业技术学院学报，2015（7）.

在个人层面上，媒介依赖来源于人们因实现各自目标而产生的需求。需求越大，个人对媒介的依赖将会越强。二是在社会层面上，媒介依赖源于系统的稳定性。社会系统越不稳定，社会中的所有人对媒介的依赖将会越强。三是在媒介层面上，媒介依赖源于信息传输基础设施。媒介越在传播基础设施中占有中心地位，社会对媒介的依赖越强。四是对媒介的依赖反过来将影响媒介效果的类型与程度。依赖关系越强，媒介越容易影响人们的认知、情感与行为。五是媒介与社会之间的相互依赖决定着受众对媒介的依赖。由此可见，该理论将受众个人的媒介使用放在整个社会系统中来考察，而对某一媒介的依赖有助于加强该媒介的效果。[1]

"媒介系统依赖论"给我们的启示在于，受众使用媒介的需要与动机往往是他们与独特的社会系统和传播系统互动的结果。在特定的社会结构和媒介系统中，人们需要个人化的渠道和信息来满足各自的需求、动机和愿望，但同时又受制于整体的社会结构和媒介系统。[2] 由此来看，在媒介融合环境下，随着5G牌照颁发，5G技术进入实施阶段，为视听媒体向受众提供更为优质和全面的服务提供了可能，受众对视听媒体的使用依赖将进一步加强，成为信息沟通的重要载体。多终端化的接收方式提供了多元化的选择渠道，也为个性化、分众化的需求提供了技术条件。微博、微信、播客、微视频等产品的层出不穷，使得受众能够以"我"为中心生产信息和内容，并且通过各种视听互动手段满足表达个性主张、情感和意愿的需求、动机和愿望时，这也导致了其对特定互动和传播渠道的依赖，尤其是功能替代物缺乏时，媒介依赖更容易产生，而依赖又导致受众的态度或行为效果改变，并改变社会中的关系。

在交互式叙事艺术的众多范式中，游戏是参与性最强的交互式叙事类型。虽然现实生活中，网络游戏成瘾综合征大多表现出大众媒体负面效应的一面，但不能否认，这也从另一方面反映了受众对游戏的依赖，以及游戏对受众各种需求的满足。游戏是以交互行动为主要叙事话语，并发展了从航行、仿真到链接等修辞手段，从虚拟空间到多用户环境的叙事语境，

---

[1] 周葆华.效果研究：人类传受观念与行为的变迁[M].上海：复旦大学出版社，2008：182—183.

[2] 周葆华.效果研究：人类传受观念与行为的变迁[M].上海：复旦大学出版社，2008：182—183.

形成多样化的游戏叙事形态,如策略游戏、射击游戏,以及行动、冒险游戏等。可以说没有受众的参与,游戏叙事就不可能完成。同样,受众积极参与互动叙事不仅开拓了视听媒体的叙事潜能,还消解了作品与受众之间的鸿沟,使受众与角色可以交互。游戏玩家被游戏设计师在游戏中设计的各种引人入胜的探索、情节、角色和其他可讲述的因素所吸引,一旦故事程序已经设定和发生,剩下的就交由玩家亲自体验前途的曲折历险,勾勒千姿百态的"游戏人生",由此引发的对互联网和新兴媒体的依赖也愈加强烈。

互联网的"交互性"实现了信息传播者与接受者的互动以及接受者之间的互动,例如,第一部引入全动态影像的交互式电影游戏《龙穴历险记》将参与和观看结合起来,它可以通过影碟机的遥控器选择观看模式来观看由迪士尼动画设计的游戏动画,也可以由玩家操控主角闯关来推动情节。如果说传统叙事是"故事"与"话语"的叙事模式的话,那么交互式叙事是"程序"与"界面"的叙事模式,用户通过界面操控程序,完成个人化叙事。①

### 二、传播行为情境中的受众行为更加积极

不可否认,在媒介资源不够丰富的情况下,受众没有太多的选择余地,但是近年来,随着多媒体技术和互联网为信息传播提供了新的媒介技术,传媒生态环境已经发生了巨大变化,我们已经进入了"分众化"的窄播时代,受众的关注对象已经由对传统媒介不断转向新兴媒介。在媒介竞争愈加白热化的今天,视听信息"受众"已不再是单向的、被动的接受者,社交媒体的迅猛发展使受众能够更加综合性、多维化地使用媒介。美国《连线》杂志曾经给新媒体下了一个口号式的定义:"所有人对所有人的传播。"②

积极受众参与视听互动叙事的方式可以分为以下几种类型:一是受众通过点播与回看改变播放顺序的互动影视"交互性电视"允许用户与视听媒体低层面互动,如点播、回看或选择节目;二是受众通过选择改变故事

---

① 孙为.交互式媒体叙事研究[D].南京:南京艺术学院,2011.
② 卜希霆.全媒体竞合背景下的广播电视数字化管理初探[J].现代传播,2009(5).

情节的分叉结构视频，当交互技术引入传统影视媒体后，常规化的影像、时空、音响被切断、扭曲、逆转或强化，形成新的结构形态；三是受众参与到讨论决定叙事内容的视听互动中，甚至可以通过投票深入影响到具体视听内容。事实上，视听媒体的交互性在于"参与"而非"点播""选择"，"激烈的参与"才能成为真正的互动体验。由于生产工具的普及，借助新媒体的手段，受众已经拥有了创作视听产品的能力，参与创作触手可及。众多网民中，更是不乏拥有过人天赋和想象力的影视奇才，"互联网+"让一切变得可能。

针对上述情况，鲍尔-洛基奇等在"媒介系统依赖论"基础上发展出"传播基础结构论"这样一种新的理论模式，它首先认识到了"媒介系统依赖论"的不足之处，例如，该理论中的"依赖性"的概念倾向于非对称关系的存在，尤其是在微观层次的"媒介系统依赖论"中，认为是处于弱势的个人依赖于强势的媒介，但是正如上文所述，随着传播科技的发展，媒介融合时代的到来，个人介入信息生产、发布过程的能力不断拓展（例如个人运用网络成为信息发布者），使得个人与媒介之间的非对称关系发生变化。[1]

由此，在"传播基础结构论"的视角下，个人和传播媒介之间的关系不仅是一种权力依赖的关系，而且还是一个持续进行创作和分享趣闻逸事/故事的传播过程，它把个人视为更为积极的趣闻逸事/故事讲述系统的参与者，同宏观和中观层面的传播渠道发生互动。[2]"传播基础结构论"用"传播行为情景"的概念，细化说明了可能促进或限制趣闻逸事/故事讲述系统活力的物理的、社会的、文化的各种背景，在更广阔的社会系统和社会结构下探讨个人、社区、社会及媒介的关系。[3]在"传播基础结构论"的受众观里，受众处于更加丰富的传播环境和社会环境之中，在与他人或媒介分享趣闻逸事过程中更加主动。

由此来看，在媒介融合的环境之下，受众摆脱了媒介在传播维度上的限制，在"信息高速公路"里极目驰骋。视听媒体想要在竞争激烈的生态

---

[1] 周葆华.效果研究：人类传受观念与行为的变迁[M].上海：复旦大学出版社，2008：186.
[2] 彭兰.获取·表达·行动：珠海社区传播的实践[J].今传媒（学术版），2020（6）.
[3] 王晨燕.鲍尔-洛基奇的传播基础结构理论探略[J].现代传播，2008（2）.

环境中脱颖而出，充分满足受众需求、赢得更大的市场份额，必须从定位到资源配置，从机制创新再到技术改革等方面做出战略调整。而在这一过程中，需要对受众行为和定位重新界定：应当积极吸引受众参与视听互动叙事，因为受众对使用新兴媒介互动手段参与视听叙事的创作具有强烈的依赖和需求，更重要的是，受众乐于积极地参与到视听创作与分享故事的传播过程中，成为积极主动的视听叙事系统的参与者，同视听叙事创作的各种传播渠道发生有效互动，而且这种互动的受众市场具有个性化、分众化的趋向。

例如，大型网络电影《天使的翅膀》就是一部典型的网友全程参与的互动网络电影，演绎3个年轻女孩和男主人公之间网上、网下的生活故事和情感世界。该电影不仅由网友参与剧本写作与内容修改，而且网友可以参与演员推荐。由网友与创作人员共同完成的影片更贴近网友的真实生活，这种参与性使网友对影片产生了类似于玩游戏的"卷入"感。

### 三、受众市场更加小众化、分众化

在媒介融合的环境下，网络集中了众多媒介形式和传播方式，以小众和分众传播为突出特点，这也正反映了克里斯·安德森（Chris Anderson）在"长尾"（Long Tail）理论中提到的现象："当可供选择的产品极大丰富，用户需求的多样性和消费意向的小众化就格外明显。"

专门研究网络文件交互技术的顶尖公司——Big Champagne公司，致力于追踪分析对等交换服务器商共享的全部文件，它的数据发现的是整个文化现象，而不仅仅是某些热门榜单。他们发现：互联网时代观众的眼球正从热门明星向小众艺术家转移，以往不被重视的长尾末端的人群，在互联网时代正成为一个不可忽略的群体，他们强烈的观赏诉求、忠实的消费意愿，正发生着巨大的影响。长尾理论认为，新媒体的到来使得原来完整统一的受众市场开始出现分化和碎片化，从前单一形态的媒介产品已经不能满足当下的市场化要求。然而打造长尾产品，开发媒介产品的多样化渠道，却能够有效开辟新受众市场，积累庞大商机。① 以灵活、自由为核心

---

① 宋香云，高慧军，姚林青. 研究媒介产业管理体制的创新趋势［J］. 传媒经营与管理，2005（6）.

的"长尾理论"反映在艺术场域中,则表现为从追求宏大叙事到关注多元话语、差异表达的重要嬗变。"传统媒体产品如电影、电视剧、广播节目基本上都是自产自销,一次性投入,一次性产出,很少借助于其他媒体形态再次利用。而在媒体产业整合后,多种媒体形态之间可以实行内容共享,一个媒体的内容可以在不同媒体形态中重复使用播出,扩大了一次性媒体产品的循环利用价值,形成长尾产品,进一步延伸媒体产品收益链。同时通过打造长尾产品能够激活沉睡的媒体资产,使得媒体产品产生裂变效应。"①

在媒介融合的时代发展大背景下,视听媒体不得不面临分众化的发展现实。最早提出"分众化"理论的是美国著名学者托夫勒。所谓的分众化传播主要指的是传播者依据受众需求的不同,针对受众特定的某种需求为其提供的特定的信息以及服务。② 随着分众化时代的来临,视听消费进入了分众化时代,视听需求出现多样化、差异化、细分化、专业化趋势,即受众的"碎片化"结构和受众需求的个性化状态被放大。因此为了最大化地满足受众多元化审美需求,媒体加强受众意识,选择更为有效、更有针对性的传播策略进行传播,从而使得受众能够从海量的媒介资源中根据自己的需要与偏好"游刃有余"地选择和使用,甚至还可以通过反馈自己的意见要求媒体进行改进。③ 媒介融合最大的特征就是运用先进的技术和统一的标准,使网络、终端、业务实现融合,使服务水平大大提升,直观地体现手机、电视和电脑屏幕的融合。相对简捷的接入方式就能全方位满足通信、电视、上网等各种多元化应用需求,让受众随心所欲、随时随地享受视听内容。

---

① 李怀亮.新媒体:竞合和共赢[M].北京:中国传媒大学出版社,2009:105.
② 夏文彬.被买卖的快感:消费主义视野下我国电视真人秀研究[D].南京:南京师范大学,2016.
③ 范丽丽.由"接受"到"互动"——浅析新闻受众的地位转变[J].情商,2009(32).

# 第三章　媒介融合语境下的视听互动叙事的互动变革

受众与文本的互动方式的差异是区隔媒介发展历程中不同媒介类型差异的深层特征，这一特征在媒介融合背景下的视听互动叙事文本中的呈现更为重要。接下来，本书将对媒介融合语境下的视听叙事文本互动程度的考量维度予以梳理，并依据受众互动行为对"第一述本"的改写能力，从叙事文本互动程度的维度对媒介融合背景下视听叙事文本的互动结构进行分析和分类。

## 第一节　叙事中互动方式的历史沿革

### 一、不同媒介类型下的互动叙事

叙事因互动而生，媒介运行中受众与文本间互动方式的差异，是历时性媒介发展进程中，不同媒介类型相互区隔的重要标识。

言语叙事中叙事者多会根据受众的反应即时调整叙事内容及话语方式，受众具有较高的互动反馈能力，但这一传播形态却受到时间和空间的巨大限制，未被录音、扩音技术及数字通信技术影响的早期言语传播很难对言语叙事内容加以保存，传播的广度也受到言语叙事主体所发出的声音的物理特性的限制，无论穿透力和音量多大的声音都很难突破时间和空间的"障碍"而获得大众传播效能。

印刷技术发明之前的言语传播结构中的传播行为的互动性格主要由传播主体和传播客体的文化素养和自身性格决定，并受到互动时间跨度和互动物理距离的严重制约。印刷术发明之后的大众传播中的叙事文本的互动性格则主要受传播技术主导的传播媒介规约。而文字媒介的诞生，则让传播内容具有高复制的永恒价值成为可能，但面对文字媒介，受众对于"第一述本"改写的能力仍然较弱。经典叙事学理论的继发性深度修辞指的是受众会在阅读过程中根据自身的知识结构和感知素养重新构建文本的意义和价值，所谓的"一千个读者会有一千个哈姆雷特"就是指受众在阅读文本的过程中的继发性深度修辞行为对于文本意义构建的影响。虽然很多学者认为，"文艺作品一旦与读者见面，这一作品就不属于作者了"，但不得不承认文学叙事中的继发性深度修辞行为的修辞实质并非存在于审美创作过程中影响和改写叙事原貌的文本书写逻辑之中，而是存在于叙事文本形成后受众的审美接受的逻辑范畴内。在文字媒介的接受过程中，读者对于"第一述本"的即时改写能力几乎为零。

传统的电影电视中叙事的传播活动中受众对"第一述本"的改写能力与文学叙事非常相近。在单向的传播活动中，受众的即时改写能力和互动能力都比较薄弱。虽然20世纪八九十年代，电视屏幕中也常有"回音壁""观众桥""观众来信"等以呈现观众反馈信息为主体的视听产品，但在电视媒介的传播结构中，受众对"第一述本"的改写能力非常有限。

而网络时代的到来，则使视听叙事文本的传播结构发生了革命性的变化，一旦视听叙事文本上线，传播者即刻便可以获得关于受众互动行为的量化与质性的反馈结果。在媒介融合背景下，视听互动叙事中的受众与文本之间的互动结构也发生了巨大的改变：受众不仅可以与作者进行即时的互动，甚至可以即时改写或重塑媒介融合背景下的相关类型的视听互动叙事的"第一述本"。

## 二、互动叙事的早期实践探索

### （一）早期创作者与接受者之间的互动

互动叙事的缘起是创作者与接受者之间的互动，这种互动并非互联网时代的产物。早在纸媒时代，读者就可以通过写信的方式与作者沟通，很多纸媒都有专门的部门处理读者来信，很多纸媒还设有"读者来信"专栏。如中国著名杂志《读者文摘》就会定期选择优秀的读者来信在刊物上发表。

在互联网出现以前，与欣赏者互动最多的媒体应数广播电台。在广播中，我们经常可以听到"听众来信"，有的是表达听众的一般关注，有的表达对节目改版的意见建议。而热线点歌、热线聊天等专门的电话互动节目也是在广播盛行的时代出现的。相对于广播，电影创作者与接受者之间的距离更远。早期，只有专业影评杂志和报纸上的影评专栏才是能够进行电影批评的平台，比如20世纪80年代的《大众电影》和《中国电影周报》等。然而，这种批评基本限于专业的批评家范畴，一般观众的声音很少得到体现。当然，官方为了给普通受众的趣味一个展示的机会，也会定期设置大众性的电影奖项评选，评选一般采取纸媒登印选票，普通受众购买报纸、填写选票，然后将选票邮寄到指定单位进行统计汇总的方式进行。到了电视时代，电视台与观众的互动方式除了专业的批评刊物，还有观众来信和观众来电。由于电视节目很多具有连续性，所以在创作过程中，有时会根据观众来信或来电的意见建议进行调整。

综合来看，在互联网媒体盛行以前的媒介互动方式有两个共同特点：一是互动的主动权基本上完全掌握在创作者的手中。报社、杂志社、电视台都会根据自己的需要，选择读者意见来公开发布，受众基本没有主动公开意见的途径。二是多数互动还是在文艺评论家和创作者之间展开的，普通受众参与的比例相对而言很小。所以，在互联网媒体盛行以前，互动行为并未对视听文本的基本叙事形态产生重大影响。

**（二）艺术创作活动的互动叙事实验**

《毛诗序》中有云："情者，志之所以之也，在心为志，发言为诗。情动于中，而形于言。言之不足，故嗟叹之，嗟叹之不足，故咏歌之，咏歌之不足，不如手之舞之，足之蹈之也。"艺术创作所追求的就是更加深刻的情感表达，那么除了嗟叹、咏歌、手舞足蹈之外，还有什么方式能够加深情感体验呢？艺术创作者沿着这个思路，就找到了"互动"这个有创造力的途径。事实上，在互联网媒体发展起来以前，艺术作品中就已经有很多互动性的叙事实验存在，包括互动小说、互动电影、互动电视、互动戏剧等。

互动小说的一个重要创意是打破按页码顺序阅读的桎梏，让读者自由组合故事情节。最早的作品是1759年出版的英国小说《项狄传》，作者斯特恩（Laurence Stern）。这本书在书页侧面提供多种页码参考，读者可

## 颠覆中的秩序
——媒介融合语境下视听互动叙事研究

以沿着不同的参考页码挑选阅读顺序，建构起不同的故事情节，从而得到不同的叙事体验。而在这方面走得更远的是法国作家马克·萨波塔（Marc Saporta）的《作品1号》，该书于1962年出版，被誉为"世界上独一无二的扑克牌式小说"，该书的做法是将整书都做成活页，而且活页上面没有页码，所以读者可以任意排列顺序组成不同的故事。

到了互联网时代，这种非线性叙事设计可以由计算机非常方便地实现，也就是经常提到的超文本小说。超文本小说不仅在叙事结构上区别于需要线性阅读的小说，而且计算机所带来的互动性更加丰富——读者不仅可以按照自己喜欢的路径去阅读，去创建自己的故事体验，而且还可以向开放的文本中添加自己的内容，实现大规模的多主体创作。初期比较有名的类似实验性文本如美国小说家迈克尔·乔伊斯（M. Joyce）在1990年上线的超文本小说《下午，一个故事》（*Afternoon, A Story*）。

互动电影在互联网没有诞生的时期所采用的是通过专门设备让观众在观影过程中选择特定情节走向的办法。根据资料，世界上第一部带有明显互动性质的电影是法国电影《电影自动机》（*Kinoautomat*）。该片在1967年的蒙特利尔世博会上首映，在播放过程中，这部电影有九个断点。每到断点时刻，主持人会走上舞台邀请现场观众投票，在两个选项中选择一个让故事继续下去。而互动电影的进一步探索则是1992年的美国短片《我是你的男人》（*I'm Your Man*）。该片由美国Loews影业公司出品，在放映时，影院的座位上提前安置了可以用于投票的控制器，观众可以在观影时帮助主角做出各种决定，从而决定故事的走向。遗憾的是，该实验在1994年由于商业原因宣告失败，影院的投票设备也拆除了。

虽然院线实验失败了，但在光碟技术发明后出现且可以在电视上播放的互动电影却在20世纪90年代的美国取得了较大的成功。其中有影响力的作品如《龙穴历险记》，这是一部从卡通片改编而成的互动电影，在观看过程中通过对光碟机的操作可以控制英雄主人公选择不同的探险路线，从而形成不同的历险故事。从这个角度来看，这一时期的互动电影其实也可以归入互动电视的阵营。

整体来看，互动电影和互动电视都可以被归为"互动戏剧"（Interactive Drama）的范畴。互动戏剧是电脑游戏技术发展以后的产物，其中比较典型的文本是《消逝》（*Facade*）。这部作品于2005年面世，2006年获得诗兰丹斯电影节评委会大奖。《消逝》创造了一个基于人工智能的虚拟叙事场景，玩家作为主人公的朋友被邀请到 Trip 和 Grace 夫妇的家里，但是却无意中卷入一场家庭纠纷。在互动方式上，这部作品允许用户输入自然语言与故事中的主角进行对话。表面上看，《消逝》的互动方式与电脑游戏十分类似，但本质上，其用户主要的体验对象还是故事情节而不是游戏动作。而现在的很多电脑游戏虽然有个别的过场情节和角色对话，但是在主体上还是以游戏动作的互动为主。在互动戏剧上探索更远的是卡耐基梅隆大学的 Oz 项目，这个项目不仅开发基于戏剧冲突的虚拟世界，同时还为艺术家提供创作角色和故事的工具。虽然这个项目于 2002 年就已经不再继续，但是在虚拟世界、人工智能的情感生成研究等方面都取得了很多成果。

综观以上的这些不同阶段对互动叙事的探索，其共同的特点是互动基本上仅限于鉴赏阶段。然而事实上，在创作过程中，互动同样也可以对叙事产生巨大的影响。例如，我国第一部在与观众的互动过程中拍摄制作的电影《天使的翅膀》就是如此。通过互联网，观众不仅可以从中国娱乐网上看到影片拍摄和制作的全过程，还可以根据中国娱乐网每天对该片拍摄过程的同步报道，随时为影片的拍摄和情节的设计注入新鲜的创意，对影片的人物设计、台词和动作细节提出自己的建议，为影片推荐演员、场景和道具，甚至作为演员亲身参与影片的拍摄。中国娱乐网将接受每一位网民提交的建议、看法和个人资料，被采纳的剧情和细节都将在网站特设的栏目中刊登并予以奖励。① 到了移动互联网媒体盛行的时期，也就是 2007 年以后，在创作过程中与观众进行互动逐渐成为了媒体运营机构所着力追求的效果，特别是随着综艺节目井喷式增长，互联网媒体制作的综艺节目更是积极邀请观众参与创作。这些融合了大量互动因素的文本，为叙事学提供了全新的研究对象。

---

① 刘景福.长尾理论视野下的网络视频与大众话语权[J].宁波大学学报（人文科学版），2008（5）.

## 第二节　媒介融合语境下的视听互动叙事的互动性考量体系

考量媒介融合语境下的视听叙事文本互动性，我们需要建立有效的理论体系和操作体系。媒介通过信息传播对接受者施加影响，进而使接受者态度和行为发生改变。本节从传播产生影响的理论体系出发，构建媒介融合语境下的视听叙事文本互动性格考量体系。丹尼斯·麦奎尔（Denis McQuail）认为态度改变一般需经过六个阶段，每个阶段都成为下一阶段的必要前提。这些阶段分别是：（1）说服性消息必须得到传播；（2）接收者将注意这个消息；（3）接收者将理解这一消息；（4）接收者接受和服膺所陈述的观点；（5）新接受的立场得到维持；（6）期望的行为发生。[①] 喻国明基于上述理论将媒介影响力的发生过程总结为接触、保持、提升三个环节。[②] 基于上述理论，赵淑兰进一步增加了接受环节，将媒介影响力拓展为四个环节。[③] 接触环节是媒介信息引起受众注意的过程，受众对媒介内容进行选择性注意、选择性理解和选择性记忆。保持环节取决于受众对媒介内容以及媒介整体品牌价值的评价，忠诚度是保持环节的核心。媒介影响力真正形成并外显是在提升环节。[④]

本书依据上述媒介影响力的接触、接受、保持、提升的逻辑框架，构建了视听互动叙事文本的互动性格进行分析框架，包括互动速度、互动空间的自由度（接触）、互动黏度（接受）、互动效度（提升）、互动情感的忠诚度（保持）五个维度，并将从这五个维度对媒介融合背景下的视听互动叙事文本的互动性格进行分析。

### 一、互动速度

互动速度指的是媒介融合背景下受众互动动作的效能实现周期的快慢。信息时代到来之前的大众传播，受众的反馈信息多以书信为载体，从早期的飞鸽传书到工业时代的交通运输，受众的反馈信息被"第一述本"

---

① ［美］沃纳·赛佛林，小詹姆斯·坦卡德．传播理论——起源、方法与应用［M］．郭镇之，译．北京：华夏出版社，2000．
② 喻国明．影响力经济——对传媒产业本质的一种诠释［J］．现代传播，2003（1）．
③ 赵淑兰．党报影响力及其市场因素的理论分析［J］．新闻战线，2005（11）．
④ 郑丽勇，郑丹妮，赵纯．媒介影响力评价指标体系研究［J］．新闻大学，2010（1）．

的书写者获得需要较长的时间周期，受众意见的"合法性"与"合理性"的被考量与被审核也需要一个较长的周期。即便受众的意见被采纳，"第一述本"的被改写也受到印刷文本制作流程、影视产品制作流程和文本播控资源的物理限制，被改写的"第一述本"能否与何时再次与观众见面，都需要足够的物理时间的保证。随着信息时代的到来，文本被改写的速度大大提高，互联网技术为"即时反馈"和"即时改写"提供了可能性。受众数以万计的点击量和评论、转发等行为，所形成的结构性反馈意见积蓄的巨大的传播能量，也被传播者和"把关人"高度重视，在此媒介生态下，受众互动行为对"第一述本"的改写效率大大提升，尤其是在媒介融合的背景下，受众随时随地获取信息、反馈信息、参与叙事的能力不再受到限制，高效互动的媒介形态也越来越受到受众的青睐，互动速度的高低也日益成为当下受众选择媒介类型参与叙事的重要指标。

### 二、互动空间的自由度

互动空间的自由度指的是受众互动行为发生的物理空间的受限性，受限性越高互动空间的自由度越低，受限性越低互动空间的自由度越高。信息时代到来之前，传统的视听互动叙事文本的受众多被锁定于电影院的座位或电视荧屏前，观影环境的固定化给受众互动行为的实现带来很大障碍。在苹果公司引导的移动智能通信互动技术浪潮到来之前，人们很难想象受众随时随地参与视听叙事互动的信息互动景观，视听叙事打破传播结构中的空间限制，成为数字网络移动技术开发的最大驱动力。在手机移动通信技术成熟之前，普通受众曾对物理交通工具上呈现的诸如"公交电视"等播控系统保持短时间的高度好奇，移动电视等物理运输工具上的播控系统虽然在一定程度上解放了受众参与叙事互动的空间，但其传播结构并未发生实质性变革，受众依然很难实现对视听叙事文本随时随地地观看和互动，另外公交电视等物理交通工具上的播出空间的嘈杂环境给审美接受带来巨大的噪声干扰，至今成为限制这一媒体形态发展的致命性缺陷。媒介融合背景下的视听互动叙事文本的审美接受，在传播技术上完美地克服了上述障碍，受众不仅能随时随地地观看视听叙事文本，也能够随时随地地将互动信息或创作的视频发送到互联网平台，受众不再受互动空间的限制，高度自由的互动空间为受众对"第一述本"的改写提供了高度的便捷性。

### 三、互动黏度

互动黏度是指受众在与视听互动叙事"第一述本"中互动行为的方式和类型,与"第一述本"是否被改写、被改写的程度之间的关系。在媒介发展历程中传播互动结构的发展中,受众参与互动的方式也始终在发生变化。传统的电影、电视等视听叙事文本的传播过程中,受众多在叙事情境的主动沉浸的心理结构中,通过共情等心理参与行为,在一个不被作者确定的"隐蔽"位置与剧中人物保持特定的审美距离的情势下,跟随剧中人物实现情感的旅程,并通过单纯的"阅读"和审美接受意义上的继发性深度修辞重新构建文本的价值和意义,这种继发性深度修辞行为只能内化为审美客体自我情感结构和认知结构的改变,而对其他受众的审美体验不能形成任何影响,受众感受的内化过程的"沉默"特征,与文本是否被改写和被改写的程度没有太大关系。因为这一互动样貌是传统影视传播效果达成的心理前提,所以大多数电影尤其是艺术电影的创作者高度重视文本所引起的受众内在心理互动的激荡状况,也成为诸如侯孝贤等"电影大师"在电影创作过程中展现出"背对观众"的创作姿态的原因;而在媒介融合背景中的影视文本的创作中,受众的互动行为进一步被尊重,大数据主导、IP概念盛行的当下影视创作中,每一位创作者为了追求传播价值的最大化,都希望离观众更近,从项目创意和题材确定之初,便努力寻找受众并培养与受众的感情,媒介融合背景中受众的任何"点赞""转发"和"打开超链接"等互动行为的数据化呈现,都会成为创作者操控叙事的依据。

### 四、互动效度

互动效度是指叙事文本的"第一述本"被受众改写的程度。大众传播之前的语言传播行为,传者和受众之间呈现点对点的传播样态,传者能根据受众的反馈及时地调整叙事的内容和话语的策略,在这种传播结构中受众和传者的地位平等,受众具有深入参与叙事和改变"第一述本"的能力,但受众与"第一述本"之间的互动形态却受到传播环境的空间距离和时间跨度的限制,基于此,大众传播时代之前的言语传播行为点对点的传播形态决定了其传播结构的单一。印刷术发明之后的文字叙事中,受众改变"第一述本"的能力大大降低,传播的互动结构虽然从时空限制中获得了一定的解放,但即时互动能力却在一定程度上受到创作流程和传播时空的限制,受众的互动行为很难在较短时间内跨越空间的鸿沟参与并改写"第一述本"的原貌。此外,早期的文字叙事即便受众能跨越空间障碍与作者取得联系,受印刷技术本身的限制,改写也需要较长的周期。互联网诞生之前的电影电视媒体主导的大众传播结构中,线性的单向传播主导传播流程,受众依然处于传播链条的弱势地位,受众很难参与到叙事建构和改写当中。随着互联网时代的到来,在视听互动叙事"第一述本"的建构流程当中,创作者能够在由围绕"第一述本"构建起来的网络虚拟社区中,第一时间清晰直观地感受到受众的参与和反馈情况,受众改写"第一述本"的能力也被互联网传播技术大大解放。尤其是在媒介融合的大众传播语境中,受众的地位进一步被提高,受众的参与和改写叙事的能量也被大大释放,当下的视听互动叙事建构的任何创作环节中,都涤荡着受众的声音并被"潜在"的巨大受众力量左右,大数据时代对受众的高度重视和媒介融合背景中的媒介技术,使得受众参与和改写"第一述本"成为必然,视听互动叙事"第一述本"被受众改写的可能性越来越大,尤其是媒介融合背景中的大型视听互动网络游戏叙事的"第一述本",从某种程度上来讲完全交由游戏参与者的互动行为主控。在这一叙事形态中,游戏程序的书写者的作者性相对减弱,玩家的互动体验和互动行为被游戏开发人员高度重视,由玩家形成的受众成为构建和改写叙事的主导者,除叙事中呈现的基本的游戏规则和叙事情境被规定外,叙事中的角色动作、角色性格、角色关系和叙事的主动作线以及叙事的结局均由受众决定,以至于在这种传播结构中,受众的参与叙事和改写叙事的互动动作被赋予文本书写的"绝对作者"含义,不仅视听文本的原貌被改写,传播结构中传者、受众、渠道、媒介、反馈等传统概念的内涵和外延也都发生了质变,传播的定义和叙事的内涵和外延也被重新改写。

**五、互动情感的忠诚度**

互动情感的忠诚度是指由受众在叙事文本的审美接受或传播反馈过程中的情感参与结构所主导的互动行为中的受众主体情感投射形态的差异,对不同媒介中传播行为呈现的互动性格的影响。传统的文字叙事的审美接受中，受众需要通过学习行为，掌握一套复杂语言系统编码和解码能力，在审美接受流程中通过想象实现文字语言向视听语言和个体心理语言的还原，并运用共情等复杂的心理手段，保持和调动阅读过程中的崇高感、悲剧感、愉悦感、惊悚感和悬念期待等心理感受的实现。文学叙事作品和传统的视听互动叙事作品中，受众以叙事文本中的角色为导体，高度依赖有特定审美距离的沉浸心理结构中的情感共鸣和情感召唤的认同机制，以叙事文本中呈现的道德、伦理和文化倾向为中间媒介，在对叙事文本中人物行动呈现的情感及伦理等价值体系的二度消化后，达成叙事文本中价值体系与自我价值体系的冲突或一致，间接实现审美接受主体自我价值实现和道德、伦理和文化归属的效果。布洛的审美距离理论中，将审美距离大体分为价值上、理智上、道德上、情感上、时间上和身体上的距离。"价值的距离，指作者、叙述者、人物和读者之间价值判断上的差异；理智的距离，是指四者对事件理解上的差别；道德的距离，指四者道德观念上的差距……"[1]传统的文学叙事和影像叙事的修辞实践高度重视文本与受众间的审美距离的恰当控制，它不仅能够有效地控制着观众与文本中人物的价值、理智、道德、情感等诸多角层的切近程度，同时影响着受众对人物及文本所阐发出的价值观念、道德情感等诸多层面的认同程度。尤其是在传统的影像文本中，无处不在的摄影机，将这种抽象的距离具象化，摄影机在叙事中的参与状态多种多样，所传达出的情感也多种多样：无论是冷静客观的旁观状态，还是激情洋溢的积极介入，无论是温情脉脉的远观，还是嬉笑滑稽的近距离触摸，作为叙述代理者的摄影机都会为观众提供一种情感介入的方式。

诚如有学者所说，创造性的摄影机"不是机械的模拟现实和戏剧的滑稽搬演，而是用影像来创造的视觉形式"[2]。而受众参与故事叙述时的情感介入方式恰恰体现了影像叙事话语操控的创造性。这种主体情感介入的特定话语操控行为共同参与人物的塑造、故事的展开，引导和控制受众与人物、故事之间的距离，缓解或增强观众的参与程度。又诚如有学者所说，我们越是接近一个人物，"既增加了我们的感情距离又增加了我们的不

---

[1] [美]韦恩·布斯.小说修辞学[M].华明，译.北京：北京大学出版社，1986：8.
[2] 刘婷.影像叙事[M].北京：中国传媒大学出版社，2006：88.

安"①。一部好的影视作品,就是观众跟随一个人物进行一次独到的情感旅程。观众跟着人物旅行的同时,离人物越来越近就越来越疼惜和爱怜叙事文本中的人物。这种疼惜和爱怜之情越浓,便越能加剧观众对人物命运起伏的期待,越能使"观众之'我'和剧中之'我'达到审美叠化的上佳接受效果"②。马克·柯里(Mark Currie)在他的《后现代叙事理论》中提出了有关同情的两种观点:"当我们对他人的内心生活、动机、恐惧等有很多了解时就更能同情他们;当我们发现一些人由于像我们一样进入某些人物的内心世界而对他们做出的厉害或者错误的判断时,我们就会对这些被误解的人物产生同情。"③视听互动叙事文本建构中审美距离的控制能够有效地影响观众对一个人物的理解程度、同情程度,观众同情一个人大凡源于其对此人的理解程度,对其内在的行为动机寻找到可以理解的心理依据。

例如在电视剧《康熙大帝》中,十三爷胤祥因为与生俱来的鲁莽性格犯了一点小错误,被康熙帝禁入宗人府十年,康熙帝此举,为胤禛等皇子不理解,更为观众不理解,叙述者未给观众一个康熙帝这样重罚十三爷的合适的心理依据。叙述者沉稳地把握对康熙帝的远距离聚焦,而与纷乱争斗中的雍正保持距离上的十足亲密,观众对康熙帝的认知和雍正对康熙的认知一样:桀骜不驯、霸道、无理……但当康熙帝身体每况愈下,行将就木之时,电视剧编创人员给我们提供了一个亲密接触康熙的机会,让我们渐渐走近这个着眼大局、高瞻远瞩的老者的同时,观众对人物的判定也发生着悄然的变化:对十三子的关押与处罚恰恰是对十三子的呵护和关爱。纷繁复杂的皇室家族当中,众人各怀鬼胎,每一个存在者都可能会成为内部斗争的胜利者或是牺牲者,而十三爷胤祥鲁莽的性格如果不加以制止,必然会给他带来杀身之祸,而且很可能会从一定程度上牵扯到四爷胤禛的前程。康熙深谋远虑,从大清江山的社稷安危着眼,果敢地将十三子禁在宗人府中十年之久,而在关系到雍正能否顺利登基的关键时刻,一旨密令将胤祥放出,扶助雍正执掌乾坤。伴随着对康熙视距的逐步缩短,观众感受到的是一个爱心十足、深谋远虑、足智多谋、以大局为重的老者,感受到他亲眼见到皇子为争夺皇权而不惜骨肉血亲的无奈和叹息。电视剧叙

---

① [美]韦恩·布斯.小说修辞学[M].华明,译.北京:北京大学出版社,1986:274.
② 张育华.电视剧叙事话语[M].北京:中国广播电视出版社,2006:40.
③ [英]马克·柯里.后现代叙事理论[M].宁一中,译.北京:北京大学出版社,2003:23.

事当中，很少有被观众厌烦的叙述者，叙述者一路引领观众进行情感的旅程，作为叙述者本身就能拉近观众与叙述者的距离，让观众有机会了解叙述者行为的深层动因，让观众对叙述者存在的困境同情和理解，而使读者一同为人物命运、事态的发展忧心忡忡、殚精竭虑。

对传统文学叙事和影像叙事文本话语操控中的受众与文本的互动结构加以分析，我们很容易发现这些文本的受众多在叙事者提供的特定审美距离机制中实现受众对于文本中的人物情感、伦理等价值的认同，而非在参与叙事的过程中直接实现自我价值的主体体验。受众在参与叙事的过程中获得的荣誉感、骄傲感和自我价值实现感等情感类型的浓度较低，自我价值实现和自我的群体归属感的主体忠诚度不高。媒介融合背景下视听互动叙事文本在传播过程中对受众的尊重度越高，这种自我价值实现和自我的群体归属感的主体忠诚度就越高。尤其是在大型视听互动网络游戏的叙事参与中，受众具备决定角色命运的绝对权力，并拥有改变叙事走向的互动能力，自我价值的实现感不再需要角色的间接传导，跳过情感共鸣和情感召唤等心理机制，而直接在虚拟时空中完成各种即时抉择从而实现主体自我价值的确立。

## 第三节　媒介融合语境下的各类视听互动叙事文本的基本分类

媒介融合背景下的不同视听互动叙事文本类型在互动效度、互动黏度、互动速度、互动空间的自由度和互动情感的忠诚度等方面呈现出不同活力的互动性格，伴随当下互联网和移动通信技术的发展，视听互动叙事文本的生产体量逐年增加、类型样貌日趋多元、内容表现愈加丰富。根据媒介融合背景下体量巨大、类型多元、内容丰富的视听互动叙事类型呈现的互动活力的差异，尤其是受众对"第一述本"改写能力的互动效度的互动性格面向，可将媒介融合语境中的视听互动叙事文本分为受众基本没有权利和能力改写"第一述本"的视听互动叙事文本，以及受众有对"第一述本"进行改写能力的叙事文本，即非本质性改写类视听互动叙事文本和本质性改写类视听互动叙事文本。

非本质性改写的视听互动叙事文本，既包括传统的院线电影、电视屏幕中播放的常规电视节目、互联网平台播放的网络授权的传统影视叙事产品，也包括网络大电影、微电影、网络自制长剧、网络自制栏目等视听叙事文本。在这些文本中，观众不具备即时快速地完成对"第一述本"改造的能力，这些视听互动叙事文本的面貌，在叙事进程中未被受众显性的互动动作改写，却在"大数据化"的媒介融合语境中与受众进行隐性的文化对话。前者呈现出类型化、话题性、时尚性等话语倾向，后者在网络视听产品生产过程中政策审查的高自由度决定了其话语策略的高网络匹配度和移动力，并同时也具有话题性、时尚性、多元性等"网感"十足的话语特征。

本质性改写的视听互动叙事文本则包括大型视听互动网络游戏、草根视频、网络自制短剧。大型视听互动网络游戏叙事由于受众在虚拟现实世界中的互动情感结构中的成就感、荣誉感、自我价值实现感和虚拟现实世界中的社区归属感等特殊主体情感互动特质，在叙事结构、叙事视角、叙事呈示、叙事时况等方面均呈现出特点明晰的话语特征。草根视频、网络自制短剧作为媒介融合背景下视听互动叙事生态中最有活力的视听叙事族群，在话语形态上则呈现出平民化、时尚化、高传达低表达等话语气质。

# 第四章　媒介融合语境下视听互动叙事的传播变革

## 第一节　网状传播模式下多维互动格局的形成

当社会步入互联网时代，尤其是媒介融合浪潮袭来的时代背景下，传统的线性传播、循环互动传播、系统传播等单向的、自上而下的传播模式的统治地位被打破，随之而来的是双向甚至多向交互的"扁平化"传播模式，其秉承互动、参与、开放、自由、协作等理念以及"碎片化""去中心化"等特征属性，本书称之为网状传播模式。网状传播模式下，媒体、商业、社会之间的多维互动格局正在形成，具体呈现方式如下：

### 一、媒体互动

媒介融合语境下视听互动叙事的媒体互动大致体现在以下三个方面。

#### （一）联合宣传

传统媒体和新兴媒体的融合，使得不同类型的媒体在规划传播议题时能够充分开展合作，对议题的显著性进行合理的规划和分配，增强媒体对于传播行为和社会舆论的把控能力。在对网络电影、网络剧进行宣传时，不同类型的媒体可以"组团出击"，实施高密度、集中式的报道，最大限度地突出传播重点，迅速形成强大舆论；也可以"各自为战"，针对同一议题的不同角度实施多元化报道，使一段时期之内的信息充分搅和、发酵，同样能够发挥出巨大的传播效力。例如，网络周播剧《匆匆那年》在2014年8月4日上线之后，迅速引发了大量网络用户的高度关注，观众纷纷在微博、微信朋友圈或播出页面的留言区发表言论，怀念各自逝去的青春岁月；该剧首播后迅速在各大话题和搜索榜单（如微博1小时话题热榜、热门电视剧榜、影视热搜榜等）上占据高位，引发了社交媒体的热烈讨论，其中"校服再丑，你再也穿不到了""还是磁带才能让人好好听歌啊"等金句直戳观众泪点。接下来，电视台、广播电台等其他类型的媒体也纷纷介入，以"匆匆那年"为主题、表现80后一代集体记忆的节目陆续出现，在全社会掀起一股回忆青春的浪潮，并最终将《匆匆那年》这部作品推上了"现象级网剧"的位置。类似《匆匆那年》这样的整合营销案例不一而足，除了在社交媒体引发讨论之外，还有的网络电影、网剧选择了在线游戏、互动竞猜、微信投票等多种形式，这给网络电影、网络剧的创作者带来的启示是，既要充分运用不同类型媒体对作品进行全方位的宣传推广，也要在作品创作阶段充分考虑与后续宣传环节的协作，为宣传物料的制作提供合适的素材，为宣传计划的衔接提供足够的空间。

（二）联合播出

数字化技术填平了各类媒体在传播介质上的鸿沟，实现了信息用不同介质、以不同形态在不同类型媒体间的自由流动，使各类型媒体能够对同一信息资源和内容产品进行共享。多屏分发和多屏合一，已成为网络电影、网络剧的基本播出样态。一直以来，观看网络电影、网络剧的主要终端是PC屏、手机屏、Pad屏以及一些通过智能机顶盒（如小米盒子、乐视盒子）连接的电视屏幕；而随着网络电影、网络剧品质的提升，一些大规模投资、精品化制作的网络电影、网络剧逐渐开始反哺传统的电影院线或电视媒体，网络媒体一改常态，实现了自制内容的输出，成为传统媒体的内容提供者。2011年，由搜狐视频独家提供的青春偶像剧《钱多多嫁人记》《疯狂办公室》首次出现在了旅游卫视的一档名为《网剧来了》的栏目中，成为视频网站自制剧登陆电视屏幕的首次试水。2012年，由土豆网出品的自制剧《爱啊哎呀，我愿意》由深圳卫视、安徽卫视购买，成为首部由卫视频道购买并同步播出的网络剧。随着媒介融合进程的日渐深入，多屏生态系统日臻完善，网络电影、网络剧的播出平台将得到极大拓展。

（三）联合制作

近年来，"媒介融合"已从一个概念、一个框架逐渐向纵深推进，"融合"带来的不仅是传播渠道的共通和内容产品的共享，更是不同媒体间的切实合作。在影视剧行业中，传统媒体和网络媒体开展合作的领域，已从作品的版权购买、联合播映、联合推广等环节延伸至作品的创作阶段，主流视频网站参与上游内容制作的步伐越来越快，投入规模越来越大，参与程度也越来越深，全面打通了网络电影、网络剧的制播链条。2010年，优酷网宣布将联合安徽卫视和台湾电视剧制作机构，推出名为"优酷主题季"的网络偶像剧联合拍摄计划，陆续推出了《就要爱着你》《美女如云》《女孩冲冲冲》《一起又看流星雨》以及《泡沫之夏》五部热播剧，开创了台网联合出品模式的先河，实现了网络点击率和广告收益的双赢。2015年由搜狐视频联合万达影业、新丽传媒出品的电影《煎饼侠》，上映后取得了8.53亿的票房收入（截至2015年7月27日），跻身中国内地票房排名前十的行列。该片脱胎自搜狐视频自制的网络喜剧《屌丝男士》，其主创团队、人物设置、剧情风格均沿袭自《屌丝男士》系列。这部影片在市场上取得的巨大成功在很大程度上受益于该片的互联网属性，《屌丝男士》系列超过10亿的总播放量为该片提供了庞大的受众基础，而剧中诸如"五环之歌""东北F4"等桥段均源于网络热点。互联网媒体凭借其独特的媒介特质，能够与传统媒体形成有效互补，这种跨平台合作制作的内容产品往往能够获得全新的艺术魅力。

## 二、商业互动

媒介融合语境下视听互动叙事的商业互动可以分为以下三个层次。

### （一）定制式互动

该类网络电影、网络剧的项目初衷就是以叙事形式对某一特定品牌进行营销，其本质应当被认定为情节化的广告。定制式网络电影、网络剧通常由特定的广告主出资、提出品牌诉求、指定故事内核，创作者则需要围绕广告主的需求架构情节、完成制作，将商家的内容产品、品牌特征、企业文化与剧情进行深度融合。例如2012年由百事中国出品的贺岁微电影《把乐带回家》，讲述了在外奔波的杂志主编、摄影师和歌星，因为工作原因不打算回家过年，最后在古天乐的帮助下，最终决定回家陪爸爸过年的温馨故事，传递出"你回家就是父母最大的快乐"的主题，也传播了百事可乐的社会责任和品牌理念。

### （二）植入式互动

植入式广告是指依托于网络电影、网络剧的剧情设置，将广告主的商品、服务或品牌、理念融入情节叙事之中，通常以台词、场景、衣饰、道具等形式出现，以达到不动声色、潜移默化的宣传效果。这种将产品通过软性植入的形式嵌入剧情的做法，将营销主体隐藏在叙事的背景信息之中，可能会让消费者暂时忘记其背后隐藏的功利性，不知不觉地消解观众对于广告的抵触心理。优酷网在2008年推出的首部网络剧《嘻哈四重奏》中，有多处关于康师傅绿茶的植入式广告。例如，剧中的经理向新职员小乔表白"你身上有一种健康阳光、清新凉爽的感觉"时，小乔误以为经理想喝绿茶而跑去买绿茶，表现出初涉职场的小白领的懵懂、可爱。创作者通过巧妙设计，将康师傅绿茶的品牌元素自然植入剧情，用一件件阳光、快乐的小故事为观众带来好心情的同时，也对康师傅绿茶的品牌形象做出生动注解。当然，也有不少网络电影、网络剧中的植入对产品缺乏深层次理解、对情节缺乏合理设计，牵强附会、生拉硬拽，其植入结果往往适得其反、贻笑大方。

（三）贴片式互动

目前大多数视频网站会在网络电影、网络剧的正片开始之前或结束之后，由一个独立板块播放贴片广告，直接体现广告商或赞助商信息。贴片广告主要分为两种形式：一种通常由网络视频的播出方招商，由视频网站根据网络电影、网络剧的内容题材、风格调性、受众构成等因素综合研判，针对某部作品自行设定、自动生成。该类广告通常在正片开始之前无法被关闭（除非观众成为该视频网站的付费注册会员），观众只能被动等待，因而容易招致观众的反感。另一种贴片广告通常由网络视频的制作方招商，绑定正片内容，以达到曝光赞助商产品或品牌的目的。贴片广告多数情况下是生硬、直白的，与作品本身并无关联，仅仅是一个商家信息的露出。而有的视频网站和内容制作方通过巧妙创意，使贴片广告与正片内容之间产生微妙衔接，同样能为网络电影、网络剧增色、加分。例如，在贴片广告中选择由剧中主演所代言的产品，或推广与剧情信息相关的品牌，或使用剧情画面作为素材剪辑而成的广告，都能够实现与正片内容的勾连，起到为即将播出的剧情铺垫、预热的效果。由万合天宜出品的网络剧《万万没想到》对于片头赞助广告的设计堪称经典。主创人员在每集起始处特意设置了"赞助环节"，以字幕版的形式体现赞助信息。在该剧开播伊始并没有商家赞助的情况下，主创人员虚构了一些赞助单位，并配上令人捧腹的广告词。例如，"本集由蒙古国海军赞助播出——我们的征途是星辰大海"，"本集由亚洲胖子保护协会赞助播出——胖子固有一死，或重于泰山，或重于其他山"，"本集由中国未成年卧底协会赞助播出——老师，大锤他又早恋、作弊、逃课、打小报告了！"这些赞助信息成为该片的一大笑点，并迅速在互联网上广泛传播，也被观众们作为"段子"在生活中口耳相传。随着该剧在播出后大受欢迎，不少商家开始介入，《万万没想到》在后期有了真正的赞助者。据导演叫兽易小星介绍，主创人员会根据当集的基调和产品的特性来精心设计赞助广告的文案，力求赞助环节和全片基调协调一致。于是我们看到了这样的广告语，"本集由3D手游铁血战神赞助播出——建议每日游戏时间不要超过24小时呦"，这样诙谐幽默的贴片广告令观众不仅没有违和感，甚至会忍俊不禁、拍案叫绝，也更易为观众所接受，令观众对广告主产生好感。

### 三、社会互动

与传统电影、电视剧相比，网络电影和网络剧大多具有项目周期短、上线便捷、审查相对宽松等特点，使得网络电影、网络剧的创作更加灵活，不少网络剧采用了同步制播的模式，一边拍摄，一边播出。这大大增强了网络电影、网络剧的时效性和当下性，使得网络电影、网络剧具有传统影视剧创作无法比拟的快速反应能力，能够将社会上新近发生的热点事件、互联网上正在流行的潮流元素整合到文本的叙事结构中，或紧随经济社会发展现状，或聚焦街知巷闻的热点话题，或参与争议事件的社会讨论，或回应广大网民的重大关切，或吸纳风靡一时的网络金句。这些网剧以文本为载体，通过不同形式与当前社会紧密互动、借势传播，精准捕捉观众的兴趣，牢固牵引受众的视线。例如，自2014年以来，"霾"可谓成为了全体中国人所熟知的一个关键词，北京等城市多发的雾霾天气引发了全社会对环境污染的普遍担忧和广泛关注。2014年圣诞节期间上线的一部微电影《霾没了》，正是讲述了一个在雾霾中的北京发生的奇幻故事。该片以圣诞节那天雾霾笼罩下的北京为背景，反衬出由周迅饰演的女主角心中的"雾霾"，通过一段自我救赎的叙事主线，呼吁人们从身边一点一滴的好事做起、主动驱散自己心中的"阴霾"。2015年年初，由绿色和平国际环保组织出品、贾樟柯导演的网络电影《人在霾途》全球上线发布，该片记录了河北一位矿工的家庭和北京一位设计师的家庭，在不同的生活地域和不同的社会阶层中共同面对雾霾的生活，旨在呼吁全社会一起正视污染现状、改变污染局面。尽管评论界有着不少对于新媒体语境下的艺术创作背离生活、脱离现实的指责，但这两部作品都可以被视作网络电影、网络剧主动把握社会热点、积极开展社会互动的有力证明。

## 第二节　网状传播模式下媒体"竞合"关系重塑

在一个以"合作、开放、融合、共赢"为理念主导的新媒体时代，"在竞争中合作，在合作中竞争"成为媒体行业兴盛的关键。在此背景下，视听互动叙事文本的营销和推广更应当积极适应传媒生态格局由竞争走向竞合的传播变局。喻国明教授在界定"竞合"的定义时指出："所谓竞合，就是以彼此间资源共享、整合配置、价值链接的合作来共同参与更大规模的竞争。"[①] 2013 年，全球第二大社交媒体平台推特（Twitter）在纽交所成功上市，同时推特选择与美国最大的有线电视运营商康姆卡斯特公司建立合作伙伴关系，最大限度地吸引最具市场价值的中产阶层和青年受众，成为了传统媒体与新媒体进行"竞合"的重要案例。

数字环境下的媒介融合也为视听媒体互动叙事带来新的契机，叙事文本不再仅限于一种媒介，而可以实现多形态、多媒介呈现。比如，传统出版社和网络出版机构之间存在竞争，由于电子阅读的方便快捷，纸质阅读越来越受到冲击，传统出版社开始与网络出版机构进行合作，出版一些深受读者欢迎的网络文学作品，与网络出版社达到合作共赢的目的。360 推出了新闻客户端，究其本质来说，它仍属于 360 软件体系，从技术层面跨到信息层面，在表面看来这是对传统媒体展开的竞争。但是 360 在利用传统媒体原创新闻资源的同时，实行与其分享收益的做法，从而将它们的关系由竞争转化成了竞合，增加了双方的收益，实现了共赢。

媒介融合背景下，任何一家媒体的单打独斗都无法适应大数据背景下生存发展的激烈竞争。视听媒体需要结合媒体自身的核心优势延伸其特色产品，从自身价值链优化的角度选择合作产业，纵横联合，与相关业界的

---

① 喻国明.迎接传媒产业的"竞合"时代［J］.传媒观察，2002（11）.

发展联结起来，跨界整合打通新的价值链。视听互动叙事文本的传播要打破单一的传播渠道，只有在媒介竞争规模不断升级的情况下，实现不同区域、不同领域的跨界合作与组合，才能实现传播效果的最大化，最大效度地满足每个受众个性化定制的消费需求。这就要求视听媒体跳出传统"行业""系统"思维，瞄准受众市场新需求，积极开展各类融合业务，开发融合产品，撬动更广阔的市场资源和社会资源。事实上，在视听媒体领域，竞合生态早已出现，跨进跨出、融合分化已经成为常态。例如，湖南广电芒果TV联合UT斯达康推出游戏功能机顶盒、百视通联合联众游戏推出家庭娱乐平台、青海卫视与中搜网络达成合作联盟。

# 第五章 媒介融合语境下视听互动叙事变革中的文本生态

## 第一节 媒介融合语境下网络剧本体发展脉络

### 一、网络剧的兴起

进行网络自制剧的研究,首先要了解其发展的大致历程。网络自制剧的兴起主要是由以下三方面因素共同促成的。

首先,政策因素导致视频网站运营成本逐步提高。2009年,国家广电总局发布了《广电总局关于加强互联网视听节目内容管理的通知》(以下简称《通知》),《通知》规定"互联网视听节目服务单位传播的影视剧,必须符合广播电影电视管理的有关规定,依法取得广播影视行政部门颁发的《电影片公映许可证》《电视剧发行许可证》或《电视动画片发行许可证》;未取得相关许可证的境内外电影片、境内外电视剧、境内外动画片以及理论文献影视片,一律不得在互联网上传播"[1]。《通知》以上规定直接导致了视频网站美剧、韩剧等热播资源的下架。此后,2010年11月,国家广电总局印发《广播影视知识产权战略实施意见》(以下简称《意见》),旨在"推进广播影视知识产权保护制度建设与实施""进一步规范广播电台电视台合法使用作品,提高广播电台电视台尊重创作、尊重知识产权的意识"[2],《意见》的发布则进一步规范了各电视台、视频网站对于影视作品的使用行为,更加强调版权意识。这使得视频网站不得不斥巨资购买英美剧、韩剧以及国内热播影视剧的版权。视频网站作为影视作品的播放平台

---

[1] 《广电总局关于加强互联网视听节目内容管理的通知》(2009)。
[2] 《广播影视知识产权战略实施意见》(2010)。

大概在 2005 年开始萌芽，当时国内影视剧的独家版权价格并不昂贵；到了 2007 年，每集的价格在 3000—5000 元；而到了 2009 年，视频网站风起云涌，版权价格已飙至每集十几万元，2010 年起更是接连创下纪录，例如爱奇艺就以 2 亿元高价购买了湖南卫视 5 档综艺节目 2014 年的网络独播权。据不完全统计，视频网站的版权总支出已经超过 50 亿元。[①]

其次，品牌差异化不明显导致用户黏性不高。在视频媒体的起步阶段，所播放影视剧内容大同小异，用户打开任何一个视频网站都可以找到想看的影视作品。据国家广电总局官方数据显示，2011 年，全国获得发行许可证的国产电视剧共有 469 部，将近 1.5 万集，但最终登陆主流卫视黄金时段的则不足一半。随着网络视频的发展，互联网成为影视剧的重要播出平台，但电视剧内容同质化的倾向却让视频网站失望，[②] 各视频网站之间并没有凸显出品牌的差异化，也就无法获得期待的用户黏性。同时，我国目前互联网用户整体的版权意识并不强，加之网络上许多非法运营的视频分享、下载软件盛行，用户对于视频网站的会员特权并不买账。这就使得视频网站因其品牌差异化不明显导致用户黏性不高和用户会员特权充值量过少，视频网站无法实现依靠广告赞助与用户进行会员特权的充值购买来实现盈利，只能依靠传统的广告赞助支撑巨额版权购买支出，而上述传统盈利模式并不足以让视频网站实现盈利。

最后，拥有雄厚影视资源的各卫视开办的网络电视台则凭借其得天独厚的先天优势给视频网站以巨大冲击，而一些视频网站也在内容同质化的泥潭中逐渐衰败。紧缩的政策导向、单一的盈利模式与亟待树立的个性化品牌致使视频网站纷纷走向了影视作品自制的道路，以期通过个性化、分众化的优势凸显来使自身在竞争中获得一席之地。

## 二、网络剧的发展历程

### （一）电视剧的网络视频化

在新媒体的发展影响下，电视剧从传统电视荧屏延伸到网络。这一阶

---

[①] 速途网. 从购买版权到筹拍自制视频网站想说盈利不容易. http://www.sootoo.com/content/503522.shtml.

[②] 搜狐网. 土豆网独立自制剧首次进入深圳卫视黄金档播出. http://it.sohu.com/20120308/n337069407.shtml.

段主要是传统电视剧的播出平台得到了扩展。在电视上播放过的电视剧作品通过与电视实时同步或者重播、点播式的网络播出，使网友在线上可以不受时间、地点限制地通过以个人 PC 机为主的终端观看和荧屏上一致的电视剧网络视频内容，体现出电视剧播出方式的多样化趋势。

通过电视剧网络播出权的价格走势也可以印证传统电视剧网络视频化的趋势。2006 年，古装喜剧《武林外传》，全 81 集的网络版权仅卖出 10 万元。2007 年的电视剧《金婚》的"网价"为 3000 元一集；《大秦帝国》以 1 万元左右一集的打包价卖给了北京一家公司，然后由这家公司卖给各视频网站。2008 年年底，电视剧网络播映权的售价一般是 3000 元左右一集。到 2009 年，新版《红楼梦》的网络播映权已达 20 万元一集。2011 年，新《西游记》的网络首播权更是敲定在 28 万元一集。[①]这种网络播出方式日益成为电视剧播出的重要渠道，并与网络剧的萌生和发展同期存在、相辅相成。笔者认为，传统电视剧的网络视频化与网络剧新形态的出现，从时间维度而言，二者并没有绝对的界限。

在 Web 1.0 的视域下，视频网站主要是单向地进行电视剧播出，观众只能看到网站发布的视频资源，而网站的电视剧信息源积累还没有能力满足以受众的需求为中心，视频网站的传统电视剧观众处于相对被动的接受状态。他们借由网络观看传统电视剧也只是更换了收看终端，而并未将网络剧视为一种新的剧作形态。

**（二）网友自制网络视频**

2005 年年初，广电总局虽然陆续颁发了数十张针对互联网视频的《信息网络传播视听节目许可证》，但并无民营互联网企业获得该证。正因为缺少有序的准入标准，互联网视频的传播在这一阶段以草根自制短剧为主，在制作上较为粗陋，门槛不高。2005 年 2 月 15 日美籍华人陈士骏等人正式组建 Youtube 公司用以共享朋友们的录影，其后国内的激动传媒也于 2005 年 3 月推出激动影业版块并于 2005 年 6 月成立专门用以传播视频节目的激动网，而搜狐、凤凰、新浪、雅虎等大型中文网站也于 2006 年与专注推广视频"拍客"理念的优酷网同期推出视频版块，国内网络视频业务发展非常迅猛，视频网站的创立与全球同步，在一开始就进入了井喷

---

[①] 王锋，王坤.新媒体时代电视剧发展趋势分析［J］.当代电影，2011（6）：138—140.

期。中国互联网络信息中心和艾瑞咨询公司的数据显示：2005年中国观看过网络视频的用户有3200万人，占中国网民的29%。2006年中国观看过网络视频的用户有6300万人，占中国网民的47%。截至2021年，中国网络视频用户规模达到9.27亿人。而在这其中草根自制短剧也占据了很高的份额。该阶段的视频网站用户已进入自觉期，不再只是单纯地观看以视频网站为播出平台的传统电视剧，而是成为了视频信息的提供源，以视频网站为载体，将自制视频短剧传播给更多的人。各大视频网站也纷纷启动"UGC"计划，鼓励用户自制内容并上传、传播。2000年，一部由5名大学生自编自导自演并且专门在网上播出的网剧《原色》在中国长春信息网播出。这样一部讲述高中生内心世界的自制剧虽然单薄简陋，自娱自乐性质显著，但由此开启了中国网络剧时代。

（三）视频网站的自制剧试水

2008年6月11日，优酷网宣布启动"合计划"。整合百家视频官网上线，形成视频网络媒体联盟，这一阶段达成合作的视频官网包括北京电视台、东方卫视、中国电影集团公司、华谊兄弟、环球音乐、EMI百代。5个月后，优酷又宣布推出"合计划2.0"，签下了1000多家合作伙伴，获得了4万部集总计5万小时的电视剧版权，占据当时市场上流动版权份额的70%—80%。

2008年9月，由凤凰网、PPLive等数十家网站合作拍摄的国内首部由观众决定剧情发展的网络互动剧《Y.E.A.H》在凤凰宽频等网站首播，这一合作模式也为没有充裕资本进行网络互动剧制作的单一视频网站提供了入行的途径。该剧在网络试水成功后，2009年3月又成为首个走出网络平台进军电视荧屏的网剧作品，在凤凰卫视顺利播出。这种由观众决定剧情走向的新形态尝试也为电视行业带来了新鲜的思路。青春偶像元素带来了高关注度，时尚清新的氛围正符合年轻化的观众偏好，悬疑元素的跌宕起伏扣人心弦，游戏式的交互体验与电视剧自身的连续性相得益彰，集合了这些优势的网络互动剧让众多网友欲罢不能。于是《苏菲日记》《安与安寻》等大批网络剧相继涌上各大视频网络端口，以"一波未平一波又起"之势在2010年前后轮番引发网络剧观众的点播热潮。

2008年9月，土豆宣布高清版"黑豆"beta公测版本正式上线。黑豆初期将推出电视剧、电影和综艺三个频道，用户无须下载任何客户端即可免费观看，而正版与高清是土豆网此次"黑豆"产品的主打方向。"黑豆"上线之初的节目数量达10000个之多，并且都已全部取得正版授权。其中大部分内容土豆网取得了程度不一的独家授权，通过与多家电视台以及版权代理商的合作，土豆网还将持续充实"黑豆"高清版节目内容。

2010年8月6日，土豆网"橙色盒子"自制剧全媒体业务拓展活动启动，同年10月，该计划第一部自制网络剧《欢迎爱光临》上映。上映15天，该剧1—2集核心视频播放量突破4000万，单条视频最高播放量超过620万，站外转帖量超过12万。

2011年4月，优酷视频出品的系列剧《泡芙小姐》问世。该系列剧每一集都由一个独立的小故事构成，每集11分钟，例如《泡芙小姐的沙漏》《泡芙小姐的钥匙》等借物喻人的主题来源于现实生活的故事情节。该剧引入了美剧的制作和播出模式，拍摄、制作、播出、营销等环节同步进行，并根据网友的反馈实时调整剧情走向，全互动的节目形态得到广大网友的追捧。

2011年9月15日，乐视网在京发布了"乐视制造"原创战略。而在2012年2月14日上线的《东北往事之黑道风云二十年》作为该原创战略的第一部自制剧，凭借"工作日更新"的模式、精良的制作和原著小说雄厚的受众基础，大获成功。

三家视频网站第一轮自制剧试水所获得的巨大成功，随即促使更多的同行竞争网站加入其中，网络自制剧的投拍、制作逐渐以"战略"模式出现在各视频网站的发展规划中。同时，该阶段视频网站用户的"碎片化"审美趋向日益呈现，视频网站也相应地以受众喜好为出发点扩展了庞大的网络剧、电视剧数据库，通过网络终端，用户可以打破时空限制观看到来源不拘一格、制作相对精良、题材多种多样的影视剧。

**（四）网络剧市场的有序成熟**

2009年9月，由同名社交网站投拍的《爱情公寓》第一季在搜狐、腾讯和江西卫视同步首播。电视版本由于受到播出时间的限制，播出的版本并非原版，不少精彩片段和片尾"彩蛋"都被删减掉。而网上电视剧的播出形式本身不受具体时段的播放限制，因而《爱情公寓》的网上播出相较电视播出版本引起了观众的更大反响。传统电视剧的创作是为了以电视台为载体播出，而在新媒体的发展影响下，更多优质的由网站投拍的影视剧开始登陆电视荧屏。

　　土豆网联合深圳卫视推出的由陈怡蓉、郭品超主演的偶像剧《爱啊哎呀，我愿意》在深圳卫视及土豆网开播，这是视频网站的独立自制剧首次与卫视同步播出并攻入黄金档，[①] 为网络自制剧打开了全新的营销与盈利模式，也使得网络自制剧进入更多受众的视野。

　　2012年10月，搜狐视频出品的《屌丝男士》上线，前三集总点击量接近5000万，其超高的点击率以及不经意间在剧集中对某品牌咖啡的使用，使得众多广告主投去橄榄枝。广告赞助的提高也使得该剧的制作更加精良，成为了有代表性网络剧中的口碑剧。

　　2013年8月，优酷网与万合天宜联合出品的《万万没想到》上线，首日点击量超过30万。该剧是拥有一大批签约专业影视人才的万合天宜和优酷共同出品的网络自制剧。深谙互联网影视传播模式并在网友中享有颇高知名度的主创人员，融合时下流行元素的题材类型，精准的受众群定位并在分析人群偏好后设置的密集笑点，通过社交平台和观众及时高频的互动，剧里剧外这些到位的安排将该剧打造成为极其适合互联网传播环境的优质影视作品。随着播放热度不断攀升，《万万没想到》在同年11月推出了同名神曲，受到网友热捧；且在2014年1月试行台网联动，与湖南卫视、优酷网联合推出贺岁片《小兵过年》；2014年9月推出了同名小说；并于2015年推出了贺岁微电影和手游。这种品牌化延续IP运营的模式，同样也开辟了自制剧发展的新途径。

　　在这一阶段，各视频网站纷纷发力，试图探索出适合自身自制产品的个性化发展道路。它们通过返销电视台、广告软性植入、积极引入第三方制作力量以及品牌化延续IP运营等方式打造自身品牌效应，进而提高用户黏性。网上电视剧、网络互动剧、草根自编剧、专业团队自编剧虽然制作方不同、资质不同，但是借助"三网融合"的大好形势，真正优质的网络剧作品都能获得更加多元化的播出渠道。网络剧制作过程中可以更加明确地定位受众群，从而一切从观看者的角度出发选择故事的叙事节奏，迎合相应受众群的收看习惯，为"圈粉"铺平了道路。

---

① 搜狐网.土豆网独立自制剧首次进入深圳卫视黄金档播出.http://it.sohu.com/20120308/n337069407.shtml.

### （五）网络自制剧元年

2014 年可谓网络自制剧元年，在经历了初期的自制剧试水与进一步探索之后，各大视频网站已经基本形成了清晰的个性化、差异化品牌发展思路，且逐渐深入发展。例如，乐视网开辟了"午间自制剧场"，瞄准白领、精英人群的午休时间有针对性地进行自制剧投放；万合天宜与优酷乘胜追击，推出《万万没想到 2》，深挖其作为超级 IP 的潜在价值，聚拢固有受众的同时，不断吸纳新受众参与其中；搜狐视频也借《屌丝男士》之势推出了相同草根题材以女性视角进行创作的《极品女士》；土豆网还单独推出自制剧"深夜档"——《午夜计程车》，为在外漂泊、深夜归家的特定受众群体量身打造了"深夜心灵鸡汤"。

此外，在视频网站不断的探索与尝试中，新的自制剧发展模式也不断成熟。改编自周浩晖的畅销小说《死亡通知单》、由慈文传媒投资、腾讯视频出品的网络剧《暗黑者》第一季于 2014 年 6 月 10 日中午 12 点在腾讯视频上线，首播当日单集点击量即破百万，该剧点击量及指数霸占冠军宝座一个月之久。

2014 年 8 月，网络剧《匆匆那年》在搜狐视频上线，该剧不仅第一次由 80 后主创团队操刀，而且首次引进 4K 技术，每集超百万制作成本以及院线大银幕首映，如此多的第一次融合在一起，成就了超级网剧《匆匆那年》。采用周播模式播出的《匆匆那年》在播出的两个月内总播放量达到 6 亿次，单集播放超 3000 万，收视用户推广规模达 1.5 亿人次。①

### （六）超级 IP 到来

2015 年 1 月 17 日网络剧《小野兽花店》上线，每周四、六在土豆网深夜档 21 点首播。这部由滕华涛担任监制，胡可、厉娜主演，李晟、张子萱、陈亦飞等诸多明星客串的网络剧，是国内第一部真正做到"边拍边播"的网络剧，这使得其具有了戏剧时间与现实时间相互重叠的特质，方便植入时下发生的热点话题，将受众所熟悉的"36 岁的周杰伦找到了他的新娘""姚贝娜的歌声曾带给我们温暖"等新闻作为旁白嵌入剧集当中，拉近了受众与剧集的距离。此外，在不破坏原故事主线的前提下，利用与

---

① 天圆网.大数据看《匆匆那年》如何成为年度最佳网剧. http://news.ncnews.com.cn/ylxw/ys/2014-10/15/content_1231177.htm.

网友互动的方式，进行人物和内容的重新建构，达到了现在进行时创作的互动效果，网友成为土豆网剧的创作者之一。

2015年5月8日，由凤凰联动影视与爱奇艺联合出品的《心理罪》上线，第一季累计播放量超过5亿。据悉，爱奇艺与凤凰联动为《心理罪》打造了5季的系列品牌策划，整个开发周期逾10年，仅第一季的制作与宣发成本已逾8000万。此外，该剧聘请张艺谋御用编剧顾小白操刀编剧工作，80后极具才华的商业导演五百执导，精良的制作班底与雄厚的资金支持，使得网剧《心理罪》最大化地发挥了网络点击率达10亿的原著小说作为超级IP的巨大价值。

由欢瑞世纪、大道行知、南派投资、光线传媒、尚众影视、爱奇艺联合出品，欢瑞世纪承制，根据南派三叔同名小说改编的《盗墓笔记》更是一度受到热捧。由于《盗墓笔记》原著小说本身已具有超级IP性质，网剧对于原著的还原程度或改编动向更是备受瞩目。网剧《盗墓笔记》相较于原著作了较大的改编，其还原程度也因某些技术上的原因不尽如人意，这使得基数庞大的原著粉在网络上炸了锅。"把宝藏交给国家""端午节吃粽子""原著粉屋里剧透"等相关话题一度盘踞微博热搜榜首，该剧的热度也在吐槽声中不断攀升。特别值得一提的是，爱奇艺对《盗墓笔记》采取的是"先免费后付费"的用户收看与差异化编排相结合的模式，非会员只能按照每周一集的更新速度收看，而爱奇艺的VIP会员抢先观看到了《盗墓笔记》全片。在全集上线当晚5分钟内爱奇艺上《盗墓笔记》的瞬时播放请求高达1.6亿次，开通VIP会员的订单请求也超过了260万次，整体播放量据不完全统计已逼近10亿次，甚至造成了爱奇艺服务器"大瘫痪"的局面，这再一次证明了《盗墓笔记》作为一部超级IP的强大影响力，也同时代表着网络剧时代的正式到来。①

唐人影视和搜狐视频联合打造的《无心法师》试图通过该剧来实现唐人影视独特的IP模式，即覆盖游戏制作、第三方公司合作、IP授权业务、影视基地唐人专区乐园等业务板块，意图以原创性的优质IP为切入点，通过影视剧、动漫和游戏互为宣传途径，全面渗透互联网观影及娱乐人群，

---

① 新华网.《盗墓笔记》全集上线数据惊人 引发连锁反应. http://www.fj.xinhuanet.com/whyl/2015-07/06/c_1115825107.htm.

形成系列和品牌，进一步推动 IP 背后的衍生开发，开启全方位的"影游联动 + 衍生价值"商业模式。①

2015 年 8 月 24 日，爱奇艺正式宣布，由吴奇隆担任出品人，稻草熊影业有限公司投资制作，赵丽颖、陈伟霆等明星主演的玄幻武侠剧《蜀山战纪》将于 9 月 22 日以付费模式在爱奇艺全球独家首播。早在拍摄初期，该剧就被设计以电影、电视剧、网剧、动漫、手游、电商、音乐多维度立体拓展全产业链，打造一个超级 IP 的"概念蜀山"。超强 IP、超强阵容、超强制作与超强平台的组合，也是该剧"先网后台"的有力保障。据悉，《蜀山战纪》共 54 集，将分成 6 季从 2015 年 9 月起一直播到 2016 年 2 月，每月 22 日于爱奇艺一次性上线一季的内容，爱奇艺 VIP 会员无须等待，可一次性观看完毕。这是视频网站首次打破跟播模式的一次尝试，对于网络自制剧的发展具有划时代意义。

总的来说，2015 年是网络自制剧探索超级 IP 品牌化延续发展模式的重要一年，边拍边播并采纳受众意见决定故事走向的创作模式，辅以超级 IP 为依托打造全产业链的营销思路，依靠超级网剧提高用户黏性，进而提高视频观看付费意向，以多样化的探索为网络自制剧的发展提供了更完善的平台与更广阔的前景。

### 三、网络自制剧目前所出现的问题

虽然网络自制剧当前已经具备了清晰的发展规划、日趋完善的播放平台、日益广阔的发展前景，但我们仍然需要清醒地认识到，在网剧的发展过程中，仍存在一些亟待解决的问题。

首先，网络自制剧审核、制作门槛低，监察机制有待完善。传统影视剧若要在电视平台播出，需要经过严格的审核程序，若是计划在卫视播出，则需提交广电总局审查。相反，网络自制剧的门槛较低，网站相关工作人员仅进行原则性审核。这样的低门槛准入机制，虽然为网络剧带来了灵活、自由的创作空间，却难免会对网络自制剧的整体发展失去监察、调控的能力，行业内部自由发展可能会走上许多弯路。

---

① 搜狐网.《无心法师》，唐人秘密核武器的第一征途. http://yule.sohu.com/20150707/n416328766.shtml.

其次，为经济利益投观众所好，粗制滥造现象时有发生。网络自制剧发展至今，精品剧自不必说，但由于门槛低，缺乏有效的管理机制，难免有些网剧为了吸引受众眼球、获得经济利益而投观众所好，除了兼顾受众情怀进行网络小说改编之外，不顾及网络平台的传播影响力，过分渲染暴力、权色交易等内容，利用粗俗不堪的剧名吸引受众，在剧情方面粗制滥造，无节操无底线，污染了网络自制剧发展的整体环境，给部分受众以"网剧等于低俗"的印象，不利于网络自制剧的进一步发展。

最后，内容同质化问题凸显。网络自制剧的巨大经济效益使得各投资方、各视频网站都加快了发展的脚步。面对激烈的竞争和有限的受众资源，各视频网站都在试图提高单位时间内的生产效率。内容同质化问题早在网络自制剧发展的初期就初露端倪。在网络自制剧还处在传播内容碎片化、制作包装粗简化、题材选择轻松化的阶段，《屌丝男士》《极品女士》以及《万万没想到》等网剧都是由一个个细碎的"梗"串联起来的网络短剧，其形式、内容几乎都大同小异。

随着网络自制剧发展到大力打造可持续品牌化运营的超级 IP 阶段，内容同质化现象愈加凸显。超级网络小说 IP 的内容本就是扎堆出现的，例如犯罪题材的《心理罪》《暗黑者》《他来了，请闭眼》、玄幻仙侠题材的《无心法师》《蜀山战纪》、盗墓探险题材的《盗墓笔记》与《鬼吹灯》等。对于原著小说的忠实拥趸而言，小说改编网剧是一种"圆梦"的情感体验，他们是可以被视频网站平台聚拢的特定受众。然而对于普通的潜在受众而言，主题内容的同质化则会提高其信息接收的模糊性从而在一定程度上降低超级 IP 的用户黏性，造成一定损失。

综上所述，网络自制剧流变至当前阶段，可谓走在了一条充满光明却荆棘密布的发展之路上，披荆斩棘、解决问题方能扫清障碍，处理好经济效益与社会效益的辩证关系，才能不迷途不偏向，进而为日后发展蓝图的规划、创作模式的创新，以及播放平台的完善创造更加有利的条件，也为互动式数字媒体传播时代数字化的影视艺术发展添砖加瓦。

### 四、网络剧的典型案例

为了更加清晰地从作品层面展示网络剧本体发展脉络，本文整理了网络剧类视听互动叙事文本分类及典型案例（详见表 2-1）。

表 2-1 网络剧类视听互动叙事文本分类及典型案例

| 网络剧类视听互动叙事文本分类 | 典型案例 | 制作方 | 上映时间 | 网络剧简介 |
|---|---|---|---|---|
| 草根视频 | 《后舍男生》 | 黄艺馨、韦炜 | 2006—2011 年 | 自拍短视频 |
| 网络自制长剧 | 《无心法师》 | 搜狐视频、天津唐人电影制作有限公司 | 2015 年 | 民国玄幻青偶剧 |
| | 《纸牌屋》 | Netflix | 2013 年 | 政治题材网络剧 |
| | 《东宫》 | 唐德影视、优酷、华录百纳、华视娱乐、美浓影视 | 2019 年 | 古装言情剧 |
| | 《黑镜：潘达斯奈基》 | Netflix | 2018 年 | 剧情、科幻、悬疑、惊悚 |
| | 《爱啊哎呀，我愿意》 | 土豆网 | 2012 年 | 都市情感剧 |
| | 《盗墓笔记》 | 欢瑞世纪影视传媒股份有限公司 | 2015 年 | 网络季播剧 |
| | 《匆匆那年》 | 搜狐视频 | 2014 年 | 搜狐视频巨制周播剧 |
| | 《爱情公寓》 | 上海电影集团有限公司 | 2009 年 | 都市爱情系列情景喜剧 |
| 网络自制短剧 | 《功夫兔与菜包狗》 | 中国传媒大学将将将动画工作室 | 2014 年 | 定格动画短剧 |
| | 《安与安寻》 | 桦树集团、宝洁联合 | 2009 年 | 跨媒体娱乐圈互动短片 |
| | 《万万没想到》 | 万合天宜、优酷出品 | 2013 年 | 喜剧迷你剧 |
| | 《屌丝男士》 | 搜狐视频 | 2012 年 | 情景喜剧网络剧 |
| | 《太子妃升职记》 | 北京乐漾影视传媒有限公司 | 2015 年 | 古装穿越网络剧 |

续表

| 网络剧类视听互动叙事文本分类 | 典型案例 | 制作方 | 上映时间 | 网络剧简介 |
| --- | --- | --- | --- | --- |
| 网络自制短剧 | 《名侦探狄仁杰》 | 北京万合天宜影视文化有限公司、优酷出品、腾讯视频 | 2015 年 | 古装推理喜剧 |
| | 《唐朝好男人》 | 乐视网 | 2012 年 | 古装穿越网络剧 |
| | 《古董局中局之佛头起源》 | 互影娱乐、五元文化 | 2019 年 | 国内首部探险互动剧 |
| | 《极品女士》 | 搜狐视频 | 2013 年 | 碎片化式微喜剧 |
| | 《苏菲日记》 | 银润传媒、索尼影业 | 2008 年 | 网络互动剧 |
| | 《Y.E.A.H》 | 凤凰新媒体 | 2008 年 | 中国首部网络互动栏目剧 |
| | 《欢迎爱光临》 | 土豆网 | 2010 年 | 爱情偶像剧 |
| | 《泡芙小姐》 | 霍尔果斯挚君影业有限公司、优酷信息技术（北京）有限公司、天津五八同城影视文化有限公司、湖南影人窝窝影视发展有限公司 | 2018 年 | 网络剧 |
| | 《午夜计程车》 | 优酷土豆 | 2014 年 | 深夜精品治愈剧 |
| | 《暗黑者》 | 腾讯、慈文传媒集团 | 2014 年 | 美剧形式拍摄，季播，悬疑，破案 |
| | 《小野兽花店》 | 土豆、华美时空、完美影视 | 2015 年 | 国内首部以鲜花为题材的都市爱情网络剧 |
| | 《心理罪》 | 爱奇艺、凤凰联动影业 | 2015 年 | 犯罪悬疑网络季播剧 |

## 第二节 其他网络视听文本内容及其代表作品

### 一、网络电影及其典型作品

网络电影类视听互动叙事文本包括：制作过程中更加尊重大数据形成的精准受众定位的类型电影、线上播放的拥有网络播放版权的下（院）线大电影、网络大电影、网络微电影等。具体详见表2-2：

表2-2 网络电影类视听互动叙事文本分类及典型案例

| 网络电影类视听互动叙事文本分类 | 典型案例 | 制作方 | 上映时间 | 电影简介 |
| --- | --- | --- | --- | --- |
| 制作过程中更加尊重大数据形成的精准受众定位的类型电影 | 《小时代》 | 和力辰光 | 2013年 | 青春时尚都市电影 |
| 线上播放的拥有网络播放版权的下（院）线大电影 | 《我不是药神》 | 坏猴子影业 | 2019年 | 剧情电影 |
| | 《一出好戏》 | 上海瀚纳影视文化传媒有限公司 | 2018年 | 喜剧电影 |
| | 《西虹市首富》 | 西虹市影视等 | 2018年 | 喜剧电影 |
| 网络大电影 | 《四平青年》 | 四平市人民剧场二人转演艺大舞台 | 2012年 | 史诗乡村电影 |
| | 《暮色》 | 激动网赳客 | 2008年 | 网络科幻剧情电影 |
| 网络微电影 | 《人在霾途》 | 贾樟柯 | 2015年 | 片长8分钟的网络微电影 |
| | 《天使的翅膀》 | 深圳医美视界传媒有限公司 | 2014年 | 片长5分20秒的网络微电影 |
| | 《霾没了》 | 蒙牛乳业、北京灵思沸点影业 | 2014年 | 片长26分钟的心灵环保圣诞节微电影 |

续表

| 网络电影类视听互动叙事文本分类 | 典型案例 | 制作方 | 上映时间 | 电影简介 |
|---|---|---|---|---|
| 网络微电影 | 《11度青春》系列电影 | 中国电影集团、优酷网 | 2010年 | 片长12—42分不等的会集了11位年轻新锐导演执导的系列新媒体短片 |
| | 《城市映像》系列微电影 | 爱奇艺、三星 | 2012年 | 国内首部以城市为主题的微电影集，力求探寻城市与人之间的微妙关系 |

由于本书重点关注本质性改写的视听互动叙事文本，因此，本书对网络微电影展开论述。网络微电影具有互动性强、门槛低、人人可参与的特点，由此来看，微电影的传播者可分为专业团队和普通网民两种。其中专业团队一般有这样几种：一种是大型视频类网站，比如中国电影集团与优酷网合作推出的《11度青春》系列电影，是由以宁财神、张亚东等11位著名导演、音乐人为首的专业创作团队制作而成的，还有爱奇艺出品的《城市映像》系列微电影；另一种则是企业出资拍摄，把微电影作为推广其品牌和产品的平台，以商业广告的形式在新媒体上进行传播，比如百事公司推出的《把乐带回家》、益达口香糖的《酸甜苦辣》、桔子水晶酒店的《十二星座微电影》以及凯迪拉克的《一触即发》等都是这一类的典型代表；最后一种就是传统媒体的加入，比较成功的有陕西卫视的《华夏微电影》栏目，还有中央电视台电影频道《爱电影》栏目在龙年将至时推出的微电影贺岁活动"爱优微"等。而普通网民的传播者角色除了体现在他们可以在微博、微信、社交网络等新媒体平台上通过评论、转发、点赞等方式对微电影进行传播外，更重要的还体现在每个有兴趣有热情有一定条件的人都可以写剧本、当导演、当演员来拍摄制作属于自己的微电影作品并

且上传至网络供大家观看。①

## 二、网络游戏及其典型作品

网络游戏类视听互动叙事文本包括：虚拟社区的传统游戏、虚拟社区的协作与对抗/新的大型游戏等。具体详见表2-3：

表2-3 网络游戏类视听互动叙事文本分类及典型案例

| 网络游戏类视听互动叙事文本分类 | 典型案例 | 制作方 | 发行时间 | 游戏简介 |
| --- | --- | --- | --- | --- |
| 虚拟社区的传统游戏 | 《斗地主》 | 腾讯 | — | 网络扑克游戏 |
| 虚拟社区的协作与对抗/新的大型游戏 | 《剑灵》 | 韩国网络游戏开发商NCSoft | 2013年 | 3D奇幻大型多人在线动作类游戏 |
| | 《底特律：变人》 | Quantic Dream | 2018年 | 人工智能题材的互动电影游戏 |
| | 《英雄联盟》 | Riot Games | 2011年 | 英雄对战MOBA竞技网游 |
| | 《魔兽世界》 | 暴雪娱乐 | 2004年 | 大型多人在线角色扮演游戏 |

由于本书重点关注本质性改写的视听互动叙事文本，因此，本书仅以《底特律：变人》为例，对"大型视听互动网络游戏"展开简单介绍。该款游戏以底特律为背景，设定了三个具有人类意识的仿生人：马库斯、卡拉、康纳。其中，马库斯的主要任务是带领其他拥有人类意识的机器人向人类争取自由；卡拉则是要带着同伴逃出这座城市；康纳在协助追捕异常仿生人的过程中产生了疑惑。游戏充满非常浓厚的赛博朋克风格。②在《底特律：变人》游戏努力"通过不同的路线选择去探索游戏世界"，将传统的文字冒险游戏变得更加电影化，《底特律：变人》游戏的互动性主要体

---

① 蒙娜. 新媒体环境下的微电影传播机制与发展策略研究[D]. 北京：北京邮电大学，2014.
② PGW 2015：《底特律：变人》1080p 截图 神似油腻的大表姐. 游民星空，2015-10-28.

现在玩家需要不断地做出选择上，某个选择即便造成了角色死亡，也不会立刻导致游戏结束，你仍然可以继续探索游戏世界，而非读档重来。①

### 三、网络综艺代表作品

网络综艺类视听互动叙事文本包括：制作过程中更加尊重大数据形成的精准受众定位的电视节目、线上播放的拥有网络播放版权的电视节目、比电视直播节目机位更多的网络直播节目、网络自制综艺节目、以传统媒体视频价值增值为需要的聚合类视听产品等。具体详见表2-4：

表2-4　网络综艺类视听互动叙事文本分类及典型案例

| 网络综艺类视听互动叙事文本分类 | 典型案例 | 制作方 | 首播时间 | 节目简介 |
|---|---|---|---|---|
| 制作过程中更加尊重大数据形成的精准受众定位的电视节目 | 《中国好声音》 | 浙江卫视联合星空传媒旗下 | 2012年 | 大型励志专业音乐评论节目 |
| 线上播放的拥有网络播放版权的电视节目 | 《非诚勿扰》 | 江苏卫视 | 2010年 | 大型婚恋真人秀节目 |
| 比电视直播节目机位更多的网络直播节目 | 《女生宿舍》 | 南京广播电视集团旗下"小微视频网" | 2012年 | 网络社区直播互动节目 |
| 网络自制综艺节目 | 《奇葩说》 | 由米未制作，爱奇艺出品 | 2014年 | 融入辩论元素的说话达人秀 |
| | 《偶滴歌神啊》 | 爱奇艺 | 2015年 | "非大型、不靠谱、伪音乐"纯网综艺节目 |
| | 《罗辑思维》 | 罗振宇自媒体 | 2012年 | 知识类脱口秀视频节目 |

---

① 互动叙事游戏是如何展开叙事的？. https://www.gameres.com/843758.html.

续表

| 网络综艺类视听互动叙事文本分类 | 典型案例 | 制作方 | 首播时间 | 节目简介 |
|---|---|---|---|---|
| 网络自制综艺节目 | 《我们15个》 | 由腾讯视频和东方卫视联合推出 | 2015年 | 24小时直播的大型生活实验真人秀节目 |
| | 《晓说》 | 高晓松自媒体 | 2012年 | 网络脱口秀节目 |
| 以传统媒体视频价值增值为需要的聚合类视听产品 | 《我是大医生》新媒体延伸视听节目 | 北京电视台的新媒体中心 | — | 新媒体平台聚合类视听产品 |
| | 《养生堂》新媒体延伸视听节目 | 北京电视台的新媒体中心 | — | 新媒体平台聚合类视听产品 |
| | 《健康北京》新媒体延伸视听节目 | 北京电视台的新媒体中心 | — | 新媒体平台聚合类视听产品 |

由于本书重点关注本质性改写的视听互动叙事文本,因此,本书仅对"以传统媒体视频价值增值为需要的聚合类视听产品"的视听互动叙事文本展开论述。

以北京电视台的新媒体中心部分作品为例,现行的以传统媒体视频价值增值为需要的聚合类视听平台中,北京电视台的新媒体中心的各种探索具有示范价值,其新媒体平台与传统的电视制播高度融合,并努力在不同媒介间的高质量互动过程中实现传统视频价值的增值。北京电视台的《我是大医生》《养生堂》《健康北京》等节目曾通过新媒体平台努力拉低受众的年龄结构,除线下社区活动和线上多渠道宣传外,以身体的器官结构、医院科室结构、职业差异、季节变化、社会话题等崭新的聚合依据为线索,重新整合《养生堂》《我是大医生》《健康北京》等几档节目多年来的视频资源,并设计亲情订阅等栏目实现相关视频资源的更好传播,在此背景下,《养生堂》《我是大医生》《健康北京》等几年前制播的节目得以重新曝光,有效实现了节目资源的传播价值增值。此外,北京电视台新媒体中心还有效开掘其他综艺节目资源,在录播综艺节目的候场阶段对参与节目录制的明星嘉宾针对"养生""健康"等话题进行采访,通过新媒体平台专门设立的"星养生"等视听互动叙事专栏进行视频发布,很好地实现媒介资源的价值整合。除此之外,北京电视台新媒体中心还积极与电视栏目制作团队深入沟通和探讨,努力在电视制作过程中为后期新媒体平台的视频价值深度开掘而升级制作理念、调整制作流程、修改叙事结构,节目制作很好地实现了新旧媒体制作团队的互动和融合,有效地实现了传统电视渠道播放的视频资源的价值增值。例如,北京电视台新媒体中心曾专门将《我是大医生》中女主持人悦悦在节目录制中"调戏"男主持人成钢的剪余素材进行梳理,并剪辑出以"悦悦调戏成钢"为聚合依据的崭新内容,制作出让观众们捧腹大笑的观赏效果。

# 第三篇

## 颠覆中的秩序重塑
——媒介融合语境下视听互动叙事策略

| 颠覆中的秩序
——媒介融合语境下视听互动叙事研究

    正如美国媒介分析家亨利·詹金斯（Henry Jenkins）所说，"不管我们是否准备好了，我们已经身处融合文化之中"[①]。在"媒介融合"的时代趋势下，互动叙事成为媒介融合语境下视听文本的一种重要存在方式，在创作理念、平台运营、文本交互等方面都面临着急剧变革，需要相应的策略调整以完成互联网时代视听叙事颠覆中的秩序重塑。

---

[①]［美］亨利·詹金斯. 融合文化：新媒体和旧媒体的冲突地带［M］. 杜永明，译. 北京：商务印书馆，2012：47.

# 第一章　媒介融合语境下视听互动叙事的创作策略：从以创作者为中心到"UGC"+"PGC"

## 第一节　"UGC"+"PGC"视听互动叙事创作策略

在传统的视听传播环境中，受众是消极、被动的匿名群体，在视听媒体传播的四个环节中，受众只能参与到用户接收环节，而被屏蔽在其他三个环节之外。虽然流动的画面可以给人们带来最直观的感知，逼真的视听信息吸引受众沉浸其中，但正因为这种画面的流动性，使得它受固定传送频率和播出时间的限制，视听传播的过程通常是一次性的，这就逼迫受众只能根据节目安排来决定自己的收视时间。

随着数字技术的普及，视频采制设备日趋便捷且操作"去专业化"，在一定程度上促使"草根"发声成为了可能，尤其是视听创作层面，变化尤为突出。随着拍摄门槛的降低，普通受众只要拿起手机或是数码相机等移动视听采集设备就能够记录下身边发生的事件，与此同时，视频编辑软件的研发和广泛应用使得网民可以通过互联网免费下载，操作简单便捷，这也为网民亲自动手制作、编辑视听资料提供了很大的便利，制作技术、软硬件设施不再成为限制受众参与视听信息传播的重要障碍，制作发布视听作品不再是专业人士独享的特权。在YouTube、优酷等网站上，用户可以免费上传视频信息，这种用户生产内容的方式更是成为重要的播出资源，其潜在受众是全球可以联通互联网的网民，互联网给了"草根阶层"实现梦想的可能，他们正在由被动的接受者转变为主动积极的参与者和生产者，视听生产主体呈现多元化的态势。

## 一、"UGC"+"PGC"与视听互动叙事

在媒介融合背景下,成为视听媒体创新的前提往往是以用户为中心。对于视听媒体创新而言,新媒介技术的融合必须与用户的切实需要联结起来。信息流动的模式发生了变化,平等多向度开放的交流参与模式逐渐替代强势单向度闭合的传播模式,被动接受信息的受众正在迅速变为主动使用信息的用户,普通个体受众有越来越多的操纵和参与视听媒体生产和传播过程的条件和机会。用户在视听媒体的传播选择权、参与表达权、接近决策权三个方面拥有越来越大的话语权,是否尊重满足观众的这一话语权,直接决定了某一特定媒体的社会效益和市场效益,决定了该媒体是创新发展还是因循守旧,是生存还是衰亡。① 网络视听机构用户生产上传节目(User Generated Content,UGC)是网友将自己生产制作的视频内容发布到互联网(或移动互联网),与其他用户免费分享,或者有偿提供给其他用户使用。在国内,UGC 经过了多年的发展探索后,日趋成熟,成为众多视听网站的重要内容构成,并逐渐向规模化、专业化、产业化方向发展。② 这一模式不断满足了受众主动使用信息,参与视听媒体生产和传播的需求,而且用户制造的创新点也在一次次印证"草根阶层"的创造性和多样性。

与此同时,专业生产内容(Professional Generated Content,PGC)以其专业化的优势、成熟的商业模式占据了观众的大部分观看时间,这仍然是 UGC 短时间内无法取代的。目前,用户生产内容(UGC)和专业生产内容(PGC)并行融合,构成了视听文本内容的主要生产方式。UGC 能体现个性化差异,提升用户黏性,满足用户分享需求,这是 PGC 难以实现的。然而,在同质化时代的平台竞争之间,当大量"业余"UGC 视听作品充斥网络、鱼龙混杂之时,用户更期待制作精良而又脱胎于 UGC 的 PGC 深度作品,融合发展提供了一种实现的路径。正如前文所述,互联网思维带来了创作理念的转变,融合受众创作理念的互动叙事方式成为了视听文本的一大亮点。而 UGC 与 PGC 的融合发展,更为实现这种视听互动叙事创造了具体合作的方式,这也带来了视听互动叙事创作主题的多元化。

---

① 高宪春,解葳. 媒体融合背景下视听媒体创新途径再分析[J]. 电视研究,2014(1).
② 朱新梅. 中国 UGC 发展模式及趋势[J]. 数字影像时代,2013(4).

## 二、视听互动叙事创作者的草根化、平民化和多元化

在互联网时代新的传播模式中,"用户"的角色地位凸显,变得融合化、复合化,受众集媒介的参与者、内容的创造者和提供者及服务的使用者(用户)于一身,演化为一种新型变体——"产消者"(Prosumer)。①

用户的高度参与,推动视听互动叙事呈现多元创作主体特征。尤其是随着社交媒体等新兴媒体的崛起,并与传统视听媒体进行深度融合,用户视听信息文化消费习惯越来越依赖互联网,尤其是移动互联网的崛起和普及,人们可以随时随地创造和消费各类视听文本信息。

"传播"的门槛变得从未有过的低,人人可以进入;"传播"的门槛也变得从未有过的高,网络将全世界的相关精英"一网打尽",强中自有强中手。②这其中不仅包括专业精英还包括草根阶层,不仅包括传统的视听制作机构还包括自制平台。

## 三、互联网思维引导下的视听互动叙事文本创作新思路

国内最早(2011年)提出"互联网思维"这一概念的是百度创始人李彦宏,他认为"互联网思维"就是要基于互联网的特征,用互联网的模式、知识和经验,去思考和解决问题。③随着移动互联网的发展和普及,对于"互联网思维"的关注和研究逐渐升温,包括用户体验、迭代、生态、眼球、流量、跨界、粉丝经济等一众相关概念逐渐兴起,并被社会关注和业界追逐。④

在移动互联网的浪潮下,运用"互联网思维"进行视听互动叙事文本的创作革新,逐渐成为媒介融合语境下的创新方向。互联网思维下的视听互动叙事文本创作模式不再过度依赖创作者的积累、理解、灵感和预测,更多地依靠大数据技术全面地、理性地把控时代潮流、受众偏好,针对目标受众进行创作的一种理性分析同感性创作相结合的创作模式。在这种模式下,创作者不仅应该关注电视剧作品本身的艺术价值和盈利空间,同时

---

① 庞井君.媒介融合背景下的视听转型[J].东岳论丛,2012(10).
② 庞井君.媒介融合背景下的视听转型[J].东岳论丛,2012(10).
③ 李彦宏.中国互联网创业的三个新机会.百度2011年联盟峰会,2011.
④ 王志强,张朝阳.变革中的"互联网思维"——媒介融合和文化体改双重背景下的电视媒体转型思考[J].当代电视,2014(12).

应该关注产品的后续发展趋势。①

例如，美国 Netflix 公司翻拍的英剧《纸牌屋》，就是运用互联网思维进行创作的典型案例。《纸牌屋》通过 3000 万用户的收视选择、400 万条评论、300 万次主题搜索，以技术分析支撑拍什么、谁来拍、谁来演、怎么播的创作与传播选择，追求更加贴合受众需求和品位，从而实现大众创造的 C2B，即由用户需求决定生产。②

## 第二节 "UGC"+"PGC"视听互动叙事创作的实现方式

媒介融合语境下视听互动叙事创作主要呈现以下三种实现方式。

### 一、"受众引导创作"方式及典型案例

在过去传统媒体的语境下，如果某位观众在电视上观看了一部电视剧，想表达一些个人看法，往往只能写信或打电话给电视台，姑且不说他的意见能否被准确传达到这部电视剧的主创人员那里，即使有这种可能，也是在电视剧播完一段时间以后了。而在新媒体语境下，受众意见回馈的效率显然要高得多。当某位观众通过某视频网站观看了一部网络剧，他的意见可以立即通过网页上的评论、留言、跟帖、点赞等功能发表，"弹幕"功能甚至可以让观众边看剧边"吐槽"。网络剧的主创团队能够立即看到观众的评论或点"赞"、点"踩"的比例，也可以立即做出回应。不仅如此，由于互联网用户的账号中凝结着丰富的个人信息，新媒体平台在大数据技术的支持下，根据这些用户信息统计得出一系列数据，因此艺术创作者得以针对这些数据挖掘出一些指导作品创作方向的启示。

例如，2014 年 7 月上映的《老男孩之猛龙过江》是一部从互联网走出来的电影，影片创作在很大程度上基于出品方之一的优酷网对其四年前推出的微电影《老男孩》所做的受众分析，通过对这部"现象级"微电影的 8000 万粉丝的性别、年龄、职业、地域、评论、转发甚至观看时长、拖拽

---

① 冯宗泽.网络剧的创作方式与传播机制研究[D].北京：中国传媒大学，2015.
② 姜中介，黄锴.《纸牌屋》的大数据力量：巫术一般的精准营销[J].21 世纪经济报道，2013-6-24.

指数所做的分析，精准地判断观众的"笑点""泪点"或"尿点"，借此指导影片创作并进行精准营销。最终，这部影片斩获2.1亿票房。通过互联网手段收集受众反馈、通过大数据手段获悉用户身份、通过新媒体手段捕捉用户行为、通过数据挖掘洞察用户偏好，这一系列的互动能够为网络电影、网络剧的叙事结构策略提供方向和支持，借此引导作品的创作。这也在一定程度上保证了网络电影、网络剧的艺术水准和市场认可度。

### 二、"受众参与创作"方式及典型案例

随着时代的发展，互联网的覆盖范围更加广泛，传播信息的载体更加多元，传输的速度也更快，特别是随着近年来移动终端和移动互联网的迅猛发展，网络已经可以摆脱计算机和网线，成为了无时不有、无处不在的生产、生活要素。互联网通信效能的提升和沟通成本的降低，直接改变甚至颠覆了原本的经济秩序和社会生产方式。美国《连线》杂志的编辑杰夫·豪（Jeff Howe）敏锐地发现了这一点，他于2006年6月在该杂志中首次阐述了"众包"的概念，即企业利用互联网面向非特定的大众将工作以自由自愿的形式分配出去，借此发现创意或解决技术问题的模式。众包模式的核心是用户共创价值，深刻改变甚至颠覆着新媒体艺术领域创作，网络电影、网络剧的受众与创作者、传播者之间的沟通早已不限于提供反馈信息，而是向着更多维度、更深层次的互动迈进。在新媒体语境下，受众不再局限于被动地欣赏，而是能够主动地获取、积极地参与。例如，新媒体技术已经可以支持观众通过智能终端参与到网络电影、网络剧的故事结构中，自主选择决定人物关系、剧情走向。导演郑晓龙在谈到准备创作的网络互动剧时曾举例说明："比如你一出门这故事就有了选择：向左拐、向右拐。往右被车撞，往左捡一大钱包。如果观众选择向右拐，这就决定了主人公的命运。"这种形式的参与互动在电视媒体的传播条件下是无法做到的，而网络的即时互动性则可以发挥优势。受众的参与不仅局限于被动选择，还可以主动创造。Tongal是一家众包式的视频制作平台，品牌商可以在上面提出需求、发布任务，编剧、导演、自媒体人等创意工作者或者普通的影像爱好者则可以提交创意、制作短片。大部分任务都分三个流程：点子、方案和视频。社区成员用他们的创新想法进行投标式的竞争，获胜者可以得到奖励；后一阶段基于前一阶段的成果，奖金也会相应增

加；也可以由社区成员合作完成项目，如果你提供了好的点子，最后入选的视频是其他团队基于该创意完成的，你也能够拿到5%的提成。Tongal的创始人Dejulio认为，新媒体的出现缩短了视频的生命周期，传统的视频制作方式既慢又贵，而且通常只针对电视，没有考虑越来越重要的互联网。Tongal则改变了这一切，只要你有热情、有创意，就可以参与网络短片的制作。

### 三、"受众主导创作"方式及典型案例

随着受众的参与能力和程度的加深，新媒体艺术范畴下"受众"的定义被改写，创作、传播、接受的边界与流程被打破，甚至出现了不少由受众主导创作的案例。2005年4月23日，前PayPal公司雇员贾德·卡林姆（Jawed Karim）在他和另外两位朋友创办的网站上面上传了一段只有19秒的视频。在视频中，卡林姆站在加州圣地亚哥动物园的大象前说："这些家伙有好长好长好长的，呃，鼻子。好酷。"15个月之后，这家名为YouTube的视频网站已有超过4000万条由普通用户上传的短片，每天吸引600万人浏览，成为世界上访问量最大的视频网站。随着数字影视器材的普及、技术门槛的降低、互联网带宽的增加和媒体社交功能的拓展，录制个人视频成为风靡全球的行为。在新媒体技术的支持下，YouTube提供了十分简单的方式让普通用户将个人视频上传至网络，并能够在很短的时间内在全世界范围内传播开来。YouTube开创了互联网视频的UGC模式，即用户将自己原创的内容通过互联网平台进行传播。在Web 2.0时代，互联网内容的主要生产者是用户、是大众，每一位用户都可以生成自己的内容。艺术生产也不再只是艺术家的专利，每一位受众都能够由传统的接受者变为艺术的创作者和传播者，这使得新媒体艺术的丰富性和多元性大大增强了。2013年，YouTube在一篇博文中披露：用户每分钟上传的视频长达100小时，如果以一天24小时计算，YouTube已接收到的用户原创视频为1440亿分钟，这个数字远远超过传统媒体机构。正如YouTube的标语"Broadcast Yourself"（播出你自己），网络电影、网络剧与受众之间的互动是其区别于传统影视剧的核心特征之一。

# 第二章　媒介融合语境下视听互动叙事的产品定位策略：市场调研向重全体轻抽样的范式转换

大数据时代的今天，社交媒体广泛应用，类似于微博、微信所构建的社交网络既是技术也是平台，它拓展了我们与社会其他人之间联系的能力。全数据分析的模式将全面替代"样本分析方式"，为市场调研提供了全新的研究视角和研究范式，这是一种重全体轻抽样的范式转换。

## 第一节　大数据时代视听互动叙事发展机遇与挑战

### 一、大数据时代视听互动叙事革新发展机遇

与传统媒体相比，大数据技术支撑下对于全局性、趋势性规律的把握具有天然的、代际升级的优势。有效加工的大规模的数据可以更好地解释更大范围内或更接近用户真情实感的情状和用户体验，这可以为视听互动叙事文本的制作提供基础，这种预测远比制作方依靠个别专家凭空揣测、主观臆断更有效率和精度。

《纸牌屋》是利用大数据进行分析指导创作的典范。在该剧创作之前，Netflix完成了3000万次用户体验分析，400万条用户评价分析，300万次用户搜索操作分析，以及用户观看视频的时间和使用终端分析，上述分析揭示出导演大卫·芬奇、演员凯文·史派西、英国政治剧《纸牌屋》非常受大众关注和欢迎。于是Netflix将上述三个关注点进行了创作组合，制作

出美版《纸牌屋》，实现了市场大卖。①

影视行业的大数据主要包括用户大数据、内容大数据和渠道大数据，可以通过对用户相关网络踪迹的分析，精准捕捉受众的收视偏好，进而辅助内容创作，以更好匹配受众需求和偏好。通过利用语义分析对各种社区热门内容和已成功项目的讨论，实现文字评价和内容评估的量化，为编剧优化、创作剧本提供素材和依据。例如，百度搜索、视频播放、用户评论等多维度数据已经成为爱奇艺出品自制剧的重要参考指标；盛大文学等机构探索基于大数据生产电视剧本。事实证明，网络点击量高的文学作品改编成影视剧后，收视率和票房通常也会走高。②

数据深挖掘是媒介融合背景下视听媒体创新的核心。当下，受众在传播活动中的身份逐渐发生着改变——正从被动的信息接受者变为积极的信息使用者，成为可以自主选择新媒体平台个性化信息的"用户"。各类可以接收视听信息的终端层出不穷，无论用户使用哪种，其角色都体现着从被动的"看"到主动的"用"的变化，这在一定程度上是因为网络传播信息手段的多媒体融合性和传播接收端的多元化使得人们选择和接收信息有了更多选择。视听媒体节目内容生产是一种集合了多种资源的过程。在用户的多种接收终端上呈现的不仅仅是简单的单一来源提供的信息，而是更深层面的数据挖掘。通过数据挖掘可以使用户的意见、态度得到充分的呈现和展示，也可以使这些反馈的意见和建议的价值得到更好的发挥与利用。尤其是网络用户的意见，能够以更加快捷的方式得到。

视听媒体具有碎片化思维、碎片化接收方式的特点，其不断探索交互叙事，需要不断调整思维方式、扩大数据来源、建立数据库，这需要视听媒体进行跨界整合，以开放的态度扩展资源。"相比以往的单纯孤立内容数据采集生产，视听媒体需要在打通内部平台勾连的同时联结外部相关产业，对内容进行跨界数据分析、整合，建立多渠道的产销模式，通过整合性创新，打破不同媒介、产业之间的限制，获得互补性资源。"③进行数据深挖掘，建立高度开放式的内容生产管理模式，可以根据以往视听内容的消费行为模式，来预测其个性化的需求，继而对同一内容产品进行不

---

① 郭全中，郭凤娟. 大数据时代下的媒体机遇 [J]. 新闻界，2013（17）.
② 陈波，张雷. 基于大数据的影视剧制播模式创新 [J]. 电视研究，2014（4）.
③ 高宪春，解葳. 媒体融合背景下视听媒体创新途径再分析 [J]. 电视研究，2014（1）.

同方式新媒体平台的再挖掘、再创新，使其适应各种终端，实现跨媒体的分流，满足用户的个性化需求。"众包"的"云媒体"建设模式能够实现超出任何一家视听媒体所能呈现的可能，建立高度开放的内容生产管理系统，充分利用弥散于网络中不断涌现的数量众多的 UGC 视听资源，形成高水准、适应不同终端的内容，通过提供精致内容，实现多形态化特色创新，引发用户对该媒体的依赖。①

因此，大数据技术对视听互动叙事媒体市场调研产生了极其重要的影响和作用：一是要通过打造云服务资源平台，真正实现信息的智能化生产、传播和匹配。具体对于媒体机构而言，就需要记录信息痕迹，建立海量数据库，能够运用大数据分析和优化自身的内容、产品与营销服务。二是打造基于资源平台的技术平台，通过数据挖掘、建模、行为分析等技术手段，精准描述受众画像，实现对受众个性化需求的准确定位和掌握。三是实现创作产品与受众个性化、定制化需求之间的智能化匹配。具体对于媒介产品营销机构来说，则需要能够以多样化的手段追踪产品效果，应用大数据分析产品的价值，优化产品营销服务。四是对于第三方技术公司来说，就需要能够提供大数据的采集、存储和分析的技术支撑，同时提供大数据挖掘技术的解决方案。② 数据挖掘能力和应用能力无疑成为了媒介融合时代必备的能力。

### 二、大数据时代视听互动叙事面临的挑战

在大数据时代，视听互动叙事给用户提供开放叙事功能的同时，也通过相应的技术手段获取受众的相关情况和需求。尤其是近年来，由于社交网络大数据的获取成本低、边际收益高、时效性高、圈子效应和病毒式传播效应显著，其商业价值越来越受到企业家或营利组织的高度关注。企业家或营利组织通过对社交网络大数据的采集、分析和加工处理等商业化开发，挖掘并掌握用户结构、兴趣爱好、价值取向、需求趋势、行为习惯、性格特征、人际关系、行动轨迹等，以开展基于社交网络的网络营销和个性化信息推荐

---

① 高宪春，解薇. 媒体融合背景下视听媒体创新途径再分析 [J]. 电视研究，2014（1）.
② 郭全中. 大数据时代传统媒体转型的关键 [J]. 中国记者，2013（7）.

服务。①

  同时，我们也需要注意到，随着大数据普及和发展，一些潜在挑战正日益凸显。首先，大数据逐渐成为部分平台及通信商的特权，对大多数个人和机构而言，数据获取和使用存在天然的屏障。其次，作为个体出现的视听媒体创作者，不仅难以获得数据，而且如果没有集团式的操作团队，也难以充分分析、呈现大数据背后的意义。最后，大数据的获取和处理，不可避免地会涉及受众个人的信息，随之而来的就是关于信息安全、隐私信息保护的严峻问题，同样亟待解决。诚然，可寻址技术、物联网技术、云技术、移动传感技术在给媒体带来高度真实的受众信息的同时，也在面临着伦理道德方面的拷问，这就要时刻保持底线思维。

  从全球范围来看，目前已有50多个国家依靠法律形式规范个人信息数据的管理与使用。如美国在1995年发布的《个人隐私与国家信息基础结构》提出了电信（网络）环境下保护个人隐私的两大原则：告知和许可。数据收集者应当事先告知客户他们在收集何种个人数据及如何使用，只有在客户同意后，收集者才能按照事先宣布的用途自由地使用这些数据。②近年来，美国先后颁布了《隐私权法》《信息保护和安全法》《防止身份盗用法》《网上隐私保护法》和《消费者隐私保护法》等法律，规范个人信息数据的管理与使用。此外，加拿大制定了《隐私保护法》和《个人信息保护及电子文档法案》，英国制定了《数据保护法》，日本制定了《个人信息保护法》，欧盟先后制定了《关于涉及个人数据处理的个人保护以及此类数据自由流动的指令》《关于个人数据自动化处理之个人保护公约》等。③

  随着大数据的普及，数据使用及隐私保护的监管思路和模式正在发生变化，即更着重于数据使用者为其行为承担责任，而不是将重心放在收集数据之初取得个人同意上。同时，隐私保护也需要创新途径，其中一个做法就是将数据模糊处理，从而不能精确显示个人的隐私信息。④

---

  ① 张鹏翼.在线社交网络中信息寻求行为的实证研究：以微博为例[J].情报杂志, 2013（7）.
  ② 张秀兰.国外网络隐私权保护的基本模式分析[J].图书馆学研究, 2005（2）.
  ③ 黄升民,刘珊."大数据"背景下营销体系的解构与重构[J].现代传播, 2012（11）.
  ④ 陈昌凤,虞鑫.大数据时代的个人隐私保护问题[J].新闻与写作, 2014（6）.

大数据处理技术的应用必须要考量关于受众信息以及隐私保护的问题。这是一项非常复杂的系统工程，需要尽快出台保护个人隐私的专门法律，完善现有法律，为网络中尤其是社交网络中个人隐私的安全保驾护航；相关社交网络服务的企业或组织也应当尽快制定行业安全规范标准，加强行业自律，强化社交网络平台的安全运维管理，提供一个安全的虚拟空间；需要尽快制定社会信息伦理道德规范，加强对全社会公民的信息伦理道德修养教育，营造诚实守信的社会环境；更需要尽快成立网络安全监控警察，加大网络安全软件研发投入，防范网络中的恶意攻击，维护网络虚拟社会的安全与稳定。

## 第二节　大数据支撑下的产品定位创新策略

### 一、大数据思维、用户思维与研究范式转型

大数据（big data），或称巨量资料，指的是所涉及的资料量规模巨大到无法通过目前主流软件工具，在合理时间内达到撷取、管理、处理并整理成为帮助企业经营决策更积极目的的资讯。大数据的特点包括四个"V"：Volume（大量）、Velocity（高速）、Variety（多样）、Veracity（真实性）。[①] 所谓"大数据"分析是指基于"总体"的巨量数据基础上致力于回答"是什么"的分析方式，这完全迥异于传统的抽样调查数据分析方式。

大数据思维强调相关关系，而不是传统的因果分析，更关注数据的相关性测量和商业应用价值。简言之，大数据思维主要包括三个方面，即总体样本取代随机样本；对不精确的容忍度增加；相关关系取代因果关系。[②]

大数据时代下的用户思维核心是"以用户为中心"，强调借助技术手段，展开多维度的数据挖掘，进而形成对用户的全面、详细、精准的认知，并以此为基础提供更加精准的服务。[③] 大数据时代，通过更加全面、真实、客观、公正、精准的数据分析，创作者可以勾勒出用户的观看时

---

① 大数据，百度百科，http://baike.baidu.com/view/6954399.htm?fr=aladdin.
② ［英］维克托·迈尔·舍恩伯格，肯尼思·库克耶.大数据时代［M］.盛杨燕，周涛，译.杭州：浙江人民出版社，2012：27—96.
③ 樊国庆.大数据时代用户思维模型建构及实践［J］.中国报业，2014（24）.

段、生活习惯,甚至性格特征。在大数据时代重构下,数字技术、信息技术、云技术等科学技术的发展,改变了数据统计方式,分众传播时代到来,只有以用户需求和使用情境为出发点,追踪用户使用产品的情境,关注用户使用内容的时间、状态和习惯,才能实现精准匹配用户需求。这一思维范式的转型势必带来视听互动叙事媒体传播的变革。

## 二、新媒体技术助力视听媒体全数据分析

随着 Netflix 依托大数据制播的《纸牌屋》在 40 多个国家和地区大获成功,以及"中国电视剧第一股"华策影视以超过 16 亿元人民币的大动作并购大数据研究公司克顿传媒,大数据的概念在影视业也变得炙手可热。尽管学界和业界对大数据能否真正驱动影视业的发展持怀疑态度,但部分影视剧在大数据方面的成功运作,还是让国内影视业更清晰地看到了数据的力量。[1]

大数据分析并不仅仅是计算数据,得出统计结果。大数据时代,信息分析所追求的不再是数据的精确度,而是数据的混杂性。貌似不精确,但却混沌的众多数据往往才更接近事物的本来面貌,更强调数据的完整性和混杂性,才能帮助人们进一步接近事实的真相。[2]社交网站、无线传感器、云计算、语义网等新的技术正急速地进入人们的日常生活中,随之而来的是具有规模大、价值高、交叉复用特征的大数据时代。以关于中国电影市场的连续性大数据分析平台"数太奇"(iDatage)为例,数太奇通过挖掘海量互联网数据和超过 15 万份来自全国电影观众的固定样本问卷数据,实现对电影票房、电影口碑、电影观众心理和行为的连续性监测及预测。产品的主要内容包括电影票房实时监测及预测、电影明星票房号召力预测、电影观众背景结构、观影心理与行为、广告接触心理和行为、消费行为、价值观、生活方式、媒介接触习惯的调查与研究等,还包括电影观众跨屏流动监测等。

---

[1] 陈波,张雷.基于大数据的影视剧制播模式创新[J].电视研究,2014(4).
[2] 冯宗泽.网络剧的创作方式与传播机制研究[D].北京:中国传媒大学,2015.

# 第三章　媒介融合语境下视听互动叙事的传播策略：从小作坊式单打独斗到协作化平台运营

"视听信息成为构建当下社会文化的关键要素，越来越多的信息和意义通过视觉化的图像得以传播。"[①]而传统的"小作坊式"的单打独斗已经不能满足视听互动叙事文本的传播，只有积极适应新媒体融合的发展，进行颠覆性的创新和重构，从平台构建、跨界整合、传播体系重构以及社会化媒体品牌推广等方面，促成全流程高度聚合集约的多元协作才是大势所趋。

随着媒介融合时代的到来，受众年轻化、深度话题化、适度娱乐化、合理碎片化、收视关系化等发展态势日益凸显，互联网的兼容性打破了各个传统媒体之间相对独立的僵局，实现了媒体之间信息资源的交换与共享，而数字多媒体技术、计算机网络技术等现代传播技术的成熟，则使得媒介的互通性、互换性和联系性开始实现，全媒体体系逐渐形成。全媒体包含了传统媒体和新媒体，包含网络媒体与传统媒体乃至通信的全面互动、网络媒体之间的全面互补、网络媒体的自身的全面互融。因此，在视听互动叙事文本的传播过程中实现了多平台、多落点、多形态的传播策略。

---

[①] 周勇，黄雅兰.从"受众"到"使用者"：网络坏境下视听信息接受者的变迁［J］.国际新闻界，2013（2）.

## 第一节　树立平台化传播思维，实现跨界整合、资源共享

互联网的平台思维是指开放、共享、共赢的思维，其关键点在于业务流程和组织结构的扁平化，以及建构多主体共享共赢的超大聚合平台。与工业革命以来的宏大思维相区别，互联网思维不仅强调协作分工、多元合作，同时更强调跨界整合、资源共享。互联网的平台思维的精髓就在于打造多主体互利互动的生态圈，看谁能够营造出更能吸引和黏附各路高手玩家在平台上消费数据、生产数据、创造价值的媒体"小生态环境"。随着众多互联网公司逐步涉入视频生产和集成领域，其逐步崛起的过程充分体现了平台思维实现跨界整合、资源共享的策略。

互联网的平台思维要求传统视听媒体突破几十年一贯制的采编播业务流程链，以视听节目内容业务为核心，主动搭建（主导）平台，邀请和吸引怀揣各样梦想的个人、机构登台"唱戏"，整合资源、聚集人才，实现社会效益和经济效益的最大化。

没有了电视台对内容的主导和对传播话语的掌控，视频网站为用户提供了更多的选择。视听互动叙事打破了视听文本限制，在互联网平台上大放异彩。例如，网络剧《功夫兔与菜包狗》源于中国传媒大学李智勇老师的习作，后被改编为系列网络剧，通过平台化运作，点击量突破一亿五千万次，播放网站覆盖爱奇艺、搜狐视频、乐视、优酷、土豆、腾讯视频、56视频、PPTV、迅雷看看、风行网、新浪视频、CNTV动画台、ACFUN、bilibili，同时在北京卫视卡酷少儿频道同步播出。据统计，《功夫兔与菜包狗》于2014年12月1日起于每晚19：20—19：30黄金时段播出18天，平均收视率为1.07，平均收视份额为3.07，高于该时段平均值。同期开发周边数字产品：壁纸21套（下载量近4150万次）、输入法7套（下载量5.4万次）；实物产品9类，包括抱枕（两款）、徽章（10款）、明信片（6款）、T恤衫（5款）、杯子（2款）、DVD、扑克牌、台历、贴纸。同时在"美拍"软件上自媒体运营，已拥有粉丝数45万（截至2015年2月3日）、视频点击量6500万以上、视频条数210条、平均点赞数3200次、平均评论数120次。当网络、电视、广播彼此不再分庭抗礼，而是彼此借势、互利共赢时，坚持内容为王才是未来的发展方向。

## 第二节　借助社交媒体形成口碑效应，构建视听互动叙事传播体系

社交媒体是一种给予用户极大参与空间的新型在线媒体，博客、维基、播客、论坛、社交网络、内容社区都是社交媒体的具体实例，它已成为用户社会交往和信息分享的重要平台。[①]在社交媒体时代，每个人都希望建立自己的微媒体来扩大自己的影响力，无论是草根群众通过获得粉丝关注来满足认同感，还是企业、明星通过社交媒体提高自身知名度，甚至是作为传统媒介的电影、电视等也与社会化媒体进行合作达到"双赢"。因此，视听互动叙事文本的传播更要借助社交媒体主动"推送"形成口碑传播效应，建立起全媒体互动的视听叙事传播体系。

在全媒体融合的视角下，微博、微信成为最重要的新媒体互动推广方式。同时，通过微博也能进行直播的观看，观看与评论同时进行，带给观众一种全新的观看体验。例如，国内小成本电影《失恋33天》花费600万用于优酷网和微博营销，将映前拍摄的"失恋物语"短片广泛传播于互联网之上，引发关于"失恋"话题的巨大讨论，使得影片未映先热；《致我们终将逝去的青春》开拍之初就建立了官方新浪微博，并在此后对影片从筹备到拍摄到上映的整个流程都予以实时播报，与微博粉丝建立了良好的互动关系，影片还与热门手机游戏"找你妹"合作推出"致青春"特殊关卡，拓宽了影片的广告宣传渠道；《变身超人》则借力微信公众账号，线上通过在微博、人人网等网站进行账号推广，线下则借助微信二维码扫描进行宣传，方便影迷及时获取影片信息。

## 第三节　加强网台联动，融合式应对实现受众市场精准对接

在媒介融合背景下，加强网台联动是视听互动叙事文本传播的有效策略。首先，众多电视媒体在全媒体环境下成立官方网站，与网络媒体相互结合已经成为一个发展的必然趋势。官网的创办本身要紧密贴合电视台的内容宗旨，也要注重创新性与时效性的发展，使观众除了在电视台外，通

---

① 肖维.社会化媒体时代的电视剧营销传播策略［J］.东岸传播，2012（10）.

过网络也能获得节目更加详细的信息，满足观众的观赏兴趣，从而强化节目的影响力。

伴随着互联网发展异军突起的视频网站更是打破了电视节目数量和时间的限制，具有海量存储、即时、互动等特点。网络传播互动性强，优质内容经过多次发酵，话题被放大，节目的播出效果得以推动。加之受众年龄层偏向年轻化，用户更倾向于在视频网站上看节目，推动了视频网站的发展。对于内容播出，传统的电视播出平台主要集中在电视台，如今部分互联网视频公司获得了国家广电总局颁发的双牌照，播出平台与播出渠道日益多元化。韩剧《来自星星的你》在互联网上的热播证明了内容模式的变革。与此同时，不少视频网站制作网络自制剧卖给电视台，获得了较好的经济收益和社会影响力也是一大亮点。例如乐视网、土豆网，以"乐事制造""土豆映像"为依托，大力拍摄网络剧，其中乐视网的《青春大爆炸》成功卖给成都电视台，每晚三集连续播放；土豆网的《爱啊哎呀，我愿意》转卖给深圳电视台，并以每集60万的佳绩，获得不菲的收益。

## 第四节  巧用弹幕打造"延展型"媒体，拓展关系营销领域

长期以来，传统媒体把重点受众定位于"有影响力的人"（40—60岁受过良好教育的中产阶级专业人士），寄希望于精英阶层和意见领袖的二次传播。然而，另一个更有挖掘潜力和传播价值的群体是"容易被影响的人"，即在价值观上具有不确定性的10—35岁的"灰色人群"。抓住这一信息，媒体要进行相应的节目调整，更多播出受更多受众欢迎的节目，实现受众市场的拓展和延伸。

为了更好地实现媒体融合的理念，打造新型的"延展"型媒体（spreadable media）[1]成为一种可能。美国传播学者亨利·詹金斯（Henry Jenkins）在其"融合型媒介/文化"（convergence media/culture）理论框架的基础上[2]，最近又提出了"延展"型媒体的概念。从传播的角度来看，它

---

[1] Jenkins H, Ford S & Green J.Spreadable Media.New York University Press, 2013.
[2] Jenkins H.Convergence Culture. New York University Press, 2006.

应当成为 Web 3.0 时代媒介和文化传播的主要方式,在信息技术的支撑下,受众与媒体合作,通过参与和体验共同完成媒介内容的生产、消费和流通。弹幕作为一种新兴的互动手段,能够积极地调动受众在现成作品的基础上进行互动创作,从而突出了用户的创作地位,增加了用户对媒体的黏性,这对于吸引年轻观众,拓展"灰色人群",发挥着重要的作用。

弹幕主要是指用户在视频网站观看视频时将自己的评论文字直接发送到屏幕上的互动方式。这些评论就像炮弹扫射一样在屏幕上飞过,故被称为弹幕。① 弹幕视频系统源自日本弹幕视频分享网站 niconico,国内由 ACFUN(亦称"A 站")首先引进,后来出现了 bilibili(亦称"B 站")和 tucao 等弹幕网站。② 2014 年暑假,国内院线引入弹幕电影。观众在电影院观看 3D 动画电影《秦时明月》或乐视影业出品的《小时代 3》,即可将自己的留言或评论第一时间发表在银幕上,与其他观众分享自己的看法。弹幕电影的"初体验"带领部分观众首次以大屏幕和电影为介质,实现了传受互动和受者间的互动。2014 年 10 月,湖南卫视首秀弹幕电视,用户在观看晚会时,通过芒果 TV 的手机、iPad、电脑等端口进行互动,就能在湖南卫视的直播中出现自己的留言。由此,节目与受众之间的关联性和黏合度也大大增强。

## 一、电视剧《龙门镖局》的弹幕传播策略

著名编剧宁财神的《龙门镖局》在几个卫视开播时收视率不尽如人意,笑点太隐晦,说教太浓重,主角普通话太蹩脚,一度成为观众抨击的对象。但是该剧在网络上特别是弹幕网站上的反响却很热烈。在"热门影视榜"上,前十位中《龙门镖局》占了八席,每一集的弹幕数量都有数百条。从剧集开播以来,编剧宁财神每天都以刷弹幕为主,刷微博、贴吧为辅的方式收集观众的评论,根据观众的喜好,计划从剪辑、配乐、配音、补拍等方面再重新呈现出一版,希望在二轮播出的时候呈现出更让大家喜欢的版本。"第一批来观剧的人,我大概会保留一万个弹幕的样本,因为他们是最早的最直观的,没有受到其他资讯干扰的。我还会在微博上面再

---

① 陈燕妮.论内蒙古地区弹幕电影的发展[J].内蒙古科技与经济,2016(8).
② 邓若俊.屏媒时代影像互动叙事的概念范畴与潜力环节[J].电影艺术,2014(6).

发一个链接，如果可以的话，再让大家重新弹一次，这个是受过资讯干扰的。我会把两个样本一起看，基本重合的那就是一定要改的，如果不重合的话，我会想为什么呢。我希望通过这种互动的方式，找到一种新的创作模式。其实在看弹幕的过程中，是激发我的斗志的。"宁财神这种通过网友的弹幕来采集观众碎片化的意见，从而进行剧本的修改创作的方式，能更好地捕捉观众的兴趣，赢得更多的收视量。

### 二、网络综艺节目《奇葩说》的弹幕传播策略

《奇葩说》播出使用弹幕互动的形式，将用户的吐槽、观点甚至评论毫无保留地实时推送在节目上。在这样的技术支撑下，受众由被动接受变成主动参与，单向传播变成双向互动。"观看者"不再局限于"接受"节目内容，而是转变为可以随时表达自己观点甚至影响节目发展的"用户"。①

"弹幕"正在靠着新颖有趣和对"吐槽社交"的需求满足打开视听互动叙事媒体这个新世界的大门。虽然在未来很长一段时间内，"弹幕"仍然只会是一种流行于粉丝群体和重度观影群体内部的小众观影方式，但其发展前景不容小觑。

---

① 唐英，尚冰靓.大数据背景下网络自制综艺节目的特征及趋势探析——以《奇葩说》为例[J].新闻界，2016（6）：49—52.